电动汽车
智能底盘平台定义

DEFINITION OF INTELLIGENT CHASSIS PLATFORM FOR
ELECTRIC VEHICLES

中国汽车工程学会 ◎ 著

依托中国汽车工程学会，电动汽车智能底盘平台定义工作得到了来自汽车、电子、通信等不同产业背景众多行业顶级专家的大力支持，定义了面向2025年的智能底盘技术平台和特色产品平台，指明了技术和产业的具体发展路线，给出了关键技术指标的提升方向。

本书主要包括3部分内容：第1部分重点介绍了智能底盘技术平台定义，包括智能底盘关键零部件技术、智能底盘总体架构设计技术、智能底盘切换控制技术、智能底盘健康状态管理技术、智能底盘开发测试技术；第2部分重点介绍了乘用车智能底盘产品平台定义，包括乘用车智能底盘产品平台定义编制思路、乘用车智能底盘产品平台共性特征、极限运动产品平台、高端公务产品平台、城市运行产品平台、智能越野产品平台、展望与建议；第3部分重点介绍了商用车智能底盘产品平台定义，包括商用车智能底盘产品平台共性技术、公路重型货车产品平台、轻型货车产品平台、载人客车产品平台、特种车产品平台、展望与建议。

本书适合汽车行业，尤其是电动化、智能化底盘领域相关技术研发、企业战略研究人员，以及负责制定和实施汽车产业相关政策的各级政府工作人员阅读，也适合作为对汽车产业发展感兴趣的人员了解汽车技术发展方向的专业读物。

图书在版编目（CIP）数据

电动汽车智能底盘平台定义 / 中国汽车工程学会著. --北京：机械工业出版社，2024. 11. -- ISBN 978－7－111－76911－8

Ⅰ. U469.72

中国国家版本馆 CIP 数据核字第 20244LQ288 号

机械工业出版社（北京市百万庄大街22号　邮政编码100037）
策划编辑：母云红　　　　　责任编辑：母云红　巩高铄
责任校对：贾海霞　张亚楠　责任印制：邰　敏
中煤（北京）印务有限公司印刷
2025年1月第1版第1次印刷
169mm×239mm・14.25印张・236千字
标准书号：ISBN 978－7－111－76911－8
定价：195.00元

电话服务　　　　　　　　　　　网络服务
客服电话：010－88361066　　　机　工　官　网：www.cmpbook.com
　　　　　010－88379833　　　机　工　官　博：weibo.com/cmp1952
　　　　　010－68326294　　　金　书　网：www.golden-book.com
封底无防伪标均为盗版　　　　　机工教育服务网：www.cmpedu.com

《电动汽车智能底盘平台定义》
专家咨询委员会

主　任　李　骏　中国工程院院士，中国汽车工程学会、清华大学

委　员　孙逢春　中国工程院院士，北京理工大学
　　　　　毛　明　中国科学院院士，中国北方车辆研究所
　　　　　李克强　中国工程院院士，清华大学、国家智能网联汽车创新中心
　　　　　张进华　中国汽车工程学会
　　　　　赵福全　清华大学汽车产业与技术战略研究院
　　　　　李开国　中国汽车工程研究院股份有限公司
　　　　　管　欣　吉林大学
　　　　　余卓平　同济大学
　　　　　吴志新　中国汽车技术研究中心有限公司
　　　　　廉玉波　比亚迪汽车工业有限公司
　　　　　侯福深　中国汽车工程学会、国际汽车工程科技创新战略研究院

《电动汽车智能底盘平台定义》
总体专家组

组　长　张俊智　清华大学

成　员　凌和平　比亚迪汽车工业有限公司
　　　　　黄朝胜　清华大学
　　　　　万里恩　一汽解放汽车有限公司
　　　　　赵永坡　长城汽车股份有限公司
　　　　　赵立金　中国汽车工程学会、国际汽车工程科技创新战略研究院
　　　　　侯　杰　中国第一汽车集团有限公司
　　　　　张晓东　吉利汽车研究院（宁波）有限公司
　　　　　高镇海　吉林大学
　　　　　李高鹏　宇通客车股份有限公司
　　　　　邹　渊　北京理工大学
　　　　　熊　璐　同济大学
　　　　　秦志东　北汽福田汽车股份有限公司
　　　　　魏长河　三一汽车制造有限责任公司
　　　　　袁　明　华为数字能源技术有限公司

序 FOREWORD

汽车电动化和智能化的创新发展引领全球汽车工业进入新纪元。在此背景下，作为决定汽车产品性能的基石，汽车底盘也正在经历技术升级、产品换代与产业发展的黄金期。重塑智能底盘技术与产品体系，掌控零部件、总体架构、切换控制、状态管理及开发测试等全链条关键技术，打造智能底盘特色优势产品平台等，是当前我国智能底盘产业发展进程中亟待解决的技术难题，也是未来我国汽车底盘智能化产业实现全面引领的重大历史机遇。

未来十年将是我国智能底盘技术及产品创新的重大战略机遇期，目前亟待集聚行业资源，凝聚专家共识，定义智能底盘技术及产品平台，开展产学研协同攻坚，谋求率先建立智能底盘优势技术与产品体系，提升我国智能底盘产品的国际竞争力。

依托中国汽车工程学会智能底盘分会和电动汽车产业技术创新战略联盟线控制动与智能底盘工作组，智能底盘平台定义工作得到了来自汽车、电子、通信等不同产业背景众多行业顶级专家的大力支持，定义了面向2025年的智能底盘技术平台和特色产品平台，指明了技术和产业的具体发展路线，给出了关键技术指标的提升方向。平台定义工作为智能底盘技术创新提供了具体实施方向，为智能底盘产业发展提供了航向标，为政府部门进行产业决策提供了进一步的参考依据。

在全球汽车产业加速变革的时代背景下，面向2025年的智能底盘平台定义将为汽车智能底盘技术和产品革新提供具体思路。智能底盘创新仍然面临标准法规、技术基础、产业链完备性等多方面的挑战。在此，希望智能底盘平台定义编制团队能够继续发挥行业指导作用，继续加强我国底盘行业专家智慧与力量的集聚，集中开展智能底盘技术协同攻坚与先行先试。相信编制团队取得的研究成果必将助力我国汽车智能底盘赶超世界先进水平，为实现汽车强国做出贡献。

清华大学教授
中国工程院院士
中国汽车工程学会名誉理事长

前言 PREFACE

电动化和智能化为底盘技术的赶超发展创造了难得的历史机遇，引发了学术界和产业界的广泛关注。2022年，国际电动汽车智能底盘大会开幕式发布了《电动汽车智能底盘技术路线图》，该路线图凝聚了线控制动与底盘智能控制工作组50多家单位、100多名专家的集体智慧和心血，历时一年半，经过充分的沟通交流、碰撞融合而形成，在2023年正式出版，如图1所示。

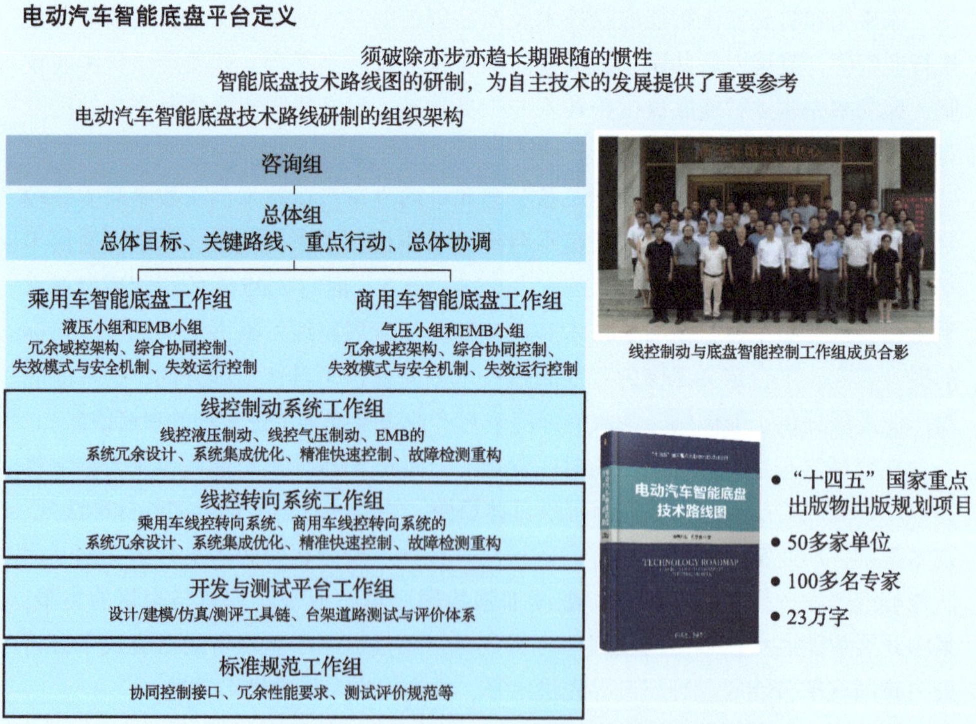

图1 《电动汽车智能底盘技术路线图》研制工作与出版

如图2所示，"十四五"国家重点出版物出版规划项目《电动汽车智能底盘技术路线图》包括5部分内容，第1部分介绍了汽车底盘的技术现状及发展趋势、智能底盘技术范围及基本属性、智能底盘总体路线图；第2部分介绍了乘用车智能底盘技术路线图、构型的组成要素、控制和冗余；第3部分介绍了商用车智能底盘技术路线图、构型的组成要素、控制和冗余；第4部分介绍了线控制动系统的技术路线图和线控转向系统的技术路线图，其中，线控制动系统包括线控液压制动系统、线控气压制动系统、线控电子机械式制动系统；第5部分介绍了智能底盘开发测试平台的技术路线和智能底盘标准规范的技术路线。

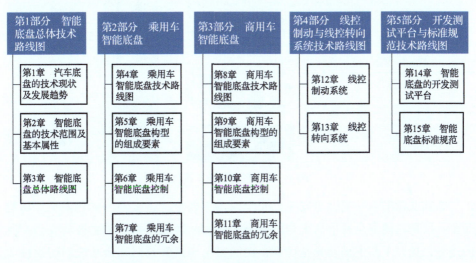

图2 《电动汽车智能底盘技术路线图》章节

经过行业专家的广泛研讨，对智能底盘给出如下定义：智能底盘是为自动驾驶系统、座舱系统、动力系统提供承载平台，具备认知、预判和控制车轮与地面间的相互作用、管理自身运行状态的能力，并具体实现车辆智能行驶任务的系统。智能底盘的定义如图3所示。

图3 智能底盘的定义

此外，在《电动汽车智能底盘技术路线图》中重新梳理了智能底盘的基本属性：安全、体验和低碳，如图4所示。

图4 智能底盘的基本属性

智能底盘的第一属性是安全。安全属性主要分为主被动一体化安全、功能安全、预期功能安全及信息安全四部分。底盘的智能化拓展了主被动安全控制的边界，提升了其主被动安全性能；功能安全包括失效后冗余系统的切换性能和功能安全水平；预期功能安全包括规避由功能不足或可合理预见的人员误用导致的危害和风险；信息安全则关注采取措施防御未经授权的访问和操纵，保证底盘安全运行。

智能底盘的第二属性是体验。智能汽车的研发过程对驾乘体验十分重视，而底盘是决定驾乘体验的重要环节。智能底盘可从三方面提升驾乘体验：第一是车控协同提升驾乘体验，促进纵横垂动力学协同控制与智能驾驶协同优化，提升驾乘舒适性；第二是提供自迭代的个性化驾乘体验，收集与识别个性化驾乘数据，通过人车交互与自学习迭代，提供符合乘员心理预期的驾乘体验；第三是通过数据驱动提供专业驾乘体验，基于对专业驾驶员的行为数据分析，提供专业驾驶服务，提升驾乘乐趣。

智能底盘的第三属性是低碳。智能底盘应提供能耗更低的行驶表现。此外，由于底盘智能化后，引入了如线控制动、线控转向、悬架中的电动单元等耗能装置，域控制器计算平台以及传感部件，因此，底盘自身的能耗应尽量降低。

如图5所示，基于路线图确定了2030年智能底盘产品一流、技术引领的总体目标。针对2025年装载自主品牌线控制动、线控转向的智能底盘，要求其在有行业影响力的企业实现批量应用；智能底盘关键技术指标达到国际先进水平；关键部件产业链实现自主可控。

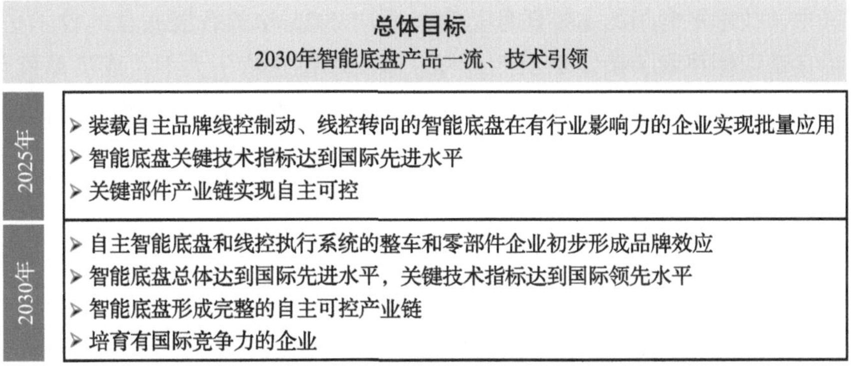

前言

总体目标
2030年智能底盘产品一流、技术引领

2025年
- 装载自主品牌线控制动、线控转向的智能底盘在有行业影响力的企业实现批量应用
- 智能底盘关键技术指标达到国际先进水平
- 关键部件产业链实现自主可控

2030年
- 自主智能底盘和线控执行系统的整车和零部件企业初步形成品牌效应
- 智能底盘总体达到国际先进水平，关键技术指标达到国际领先水平
- 智能底盘形成完整的自主可控产业链
- 培育有国际竞争力的企业

图 5　智能底盘的总体发展目标

在路线图制定过程中，工作组认识到仍需集聚行业优势力量，聚焦行业当前关键难题和未来竞争技术需求，进一步清晰定义面向 2025 年的智能底盘平台。为此，2023 年 4 月，电动汽车产业技术创新战略联盟和中国汽车工程学会智能底盘分会，启动"面向 2025 智能底盘平台定义"研究工作。在技术路线图组织架构的基础上，建立了咨询组、总体组、技术平台组、乘用车产品平台组、商用车产品平台组、线控制动系统组、线控转向系统组、开发与测试平台组、标准规范组，如图 6 所示。

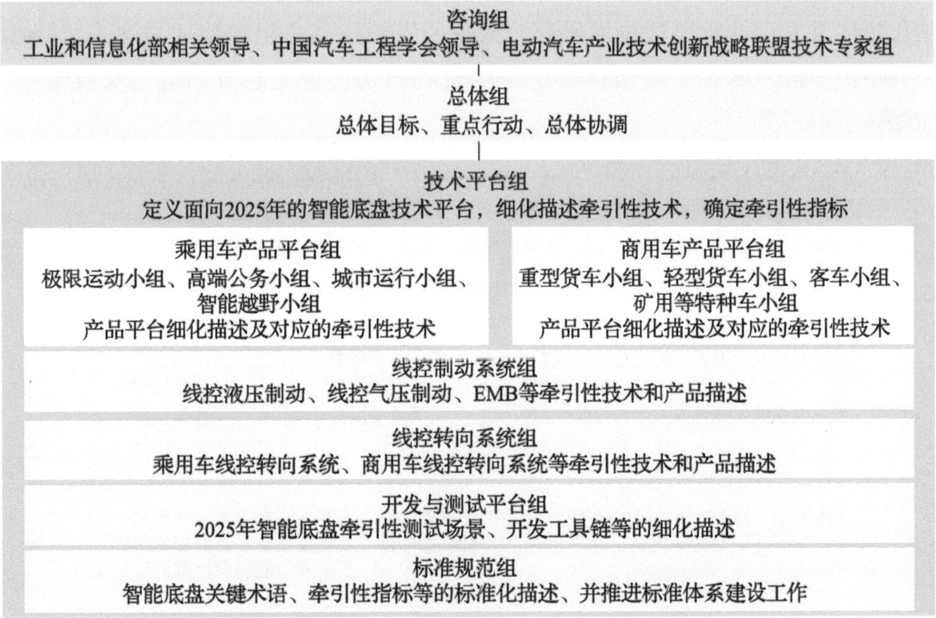

咨询组
工业和信息化部相关领导、中国汽车工程学会领导、电动汽车产业技术创新战略联盟技术专家组

总体组
总体目标、重点行动、总体协调

技术平台组
定义面向2025年的智能底盘技术平台，细化描述牵引性技术，确定牵引性指标

乘用车产品平台组
极限运动小组、高端公务小组、城市运行小组、智能越野小组
产品平台细化描述及对应的牵引性技术

商用车产品平台组
重型货车小组、轻型货车小组、客车小组、矿用等特种车小组
产品平台细化描述及对应的牵引性技术

线控制动系统组
线控液压制动、线控气压制动、EMB等牵引性技术和产品描述

线控转向系统组
乘用车线控转向系统、商用车线控转向系统等牵引性技术和产品描述

开发与测试平台组
2025年智能底盘牵引性测试场景、开发工具链等的细化描述

标准规范组
智能底盘关键术语、牵引性指标等的标准化描述，并推进标准体系建设工作

图 6　面向 2025 年的智能底盘平台定义工作组

其中，技术平台组的主要任务是定义面向2025年的智能底盘的技术平台、细化描述牵引性技术、确定牵引性指标。牵头单位是清华大学，成员单位包括各组长单位、各平台牵头单位、新势力和高技术代表单位、代表性零部件企业、高校和研究测试机构，如图7所示。

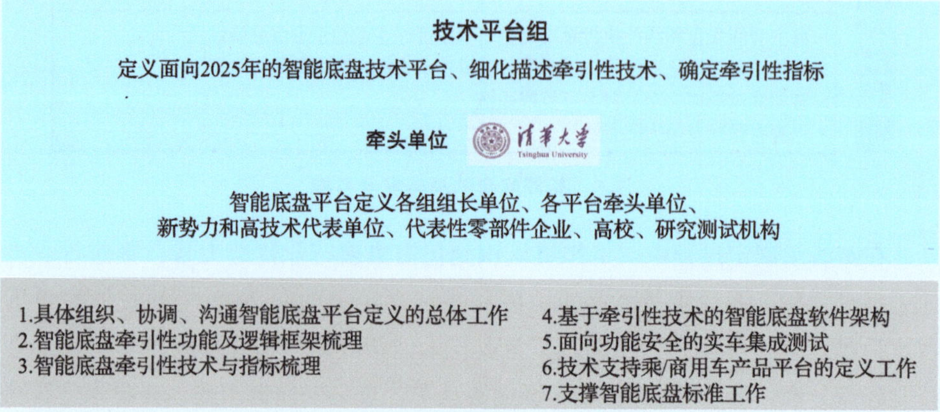

技术平台组
定义面向2025年的智能底盘技术平台、细化描述牵引性技术、确定牵引性指标

牵头单位　清华大学

智能底盘平台定义各组组长单位、各平台牵头单位、
新势力和高技术代表单位、代表性零部件企业、高校、研究测试机构

1. 具体组织、协调、沟通智能底盘平台定义的总体工作
2. 智能底盘牵引性功能及逻辑框架梳理
3. 智能底盘牵引性技术与指标梳理
4. 基于牵引性技术的智能底盘软件架构
5. 面向功能安全的实车集成测试
6. 技术支持乘/商用车产品平台的定义工作
7. 支撑智能底盘标准工作

图7　智能底盘的技术平台组

乘用车产品平台组成员包括乘用车平台组的各平台牵头单位、各组长单位、代表性零部件企业、高校、研究测试机构，主要任务是开展乘用车产品平台的细化描述及对应的牵引性技术研究，其中，极限运动小组由比亚迪牵头，高端公务小组由红旗牵头，城市运行小组由吉利牵头，智能越野小组由长城牵头，如图8所示。

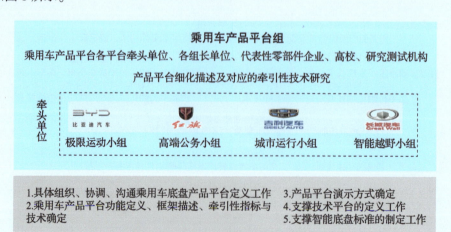

图8　智能底盘的乘用车产品平台组

商用车产品平台组由商用车产品平台各平台牵头单位、各组长单位、代表性的零部件企业、高校、研究测试机构组成，主要任务是开展商用车产品平台的细化描述及对应的牵引性技术研究，重型货车小组由一汽解放牵头，轻型货车小组由福田牵头，客车小组由宇通牵头，矿用等特种车小组由三一牵头，如图9所示。

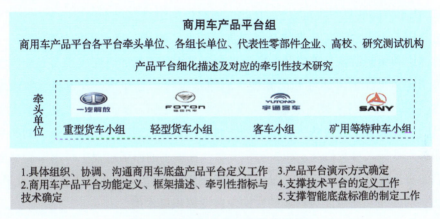

图9　智能底盘的商用车产品平台组

技术平台与产品平台的关系如图10所示。技术平台的目标是2025年实现量产水平的智能底盘牵引性技术，来推动整个底盘的技术和产品的变革。产品平台的目标是2025年实现大规模应用的智能底盘代表性产品技术。

图10　智能底盘平台定义的定位

本书主要包括3部分内容：第1部分重点介绍了智能底盘技术平台定义，包括智能底盘关键零部件技术、智能底盘总体架构设计技术、智能底盘切换控制技术、智能底盘健康状态管理技术、智能底盘开发测试技术；第2部分重点介绍了乘用车智能底盘产品平台定义，包括乘用车智能底盘产品平台定义编制思路、乘用车智能底盘产品平台共性特征、极限运动产品平台、高端公务产品平台、城市运行产品平台、智能越野产品平台、展望与建议；第3部分重点介绍了商用车智能底盘产品平台定义，包括商用车智能底盘产品平台共性技术、公路重型货车产品平台、轻型货车产品平台、载人客车产品平台、特种车产品平台、展望与建议。本书旨在通过对2025年智能底盘技术平台和产品平台的梳理和预判，厘清智能底盘技术和产品的发展方向，为实现电动汽车智能底盘产业的健康快速发展提供有力支撑。

各工作组专家经过12个月的充分研究论证，达成了广泛共识，最终编写了《电动汽车智能底盘平台定义》。在此，感谢咨询组专家对平台定义研究工作的大力支持，为平台定义工作的开展提供了专业、权威、高水平的技术指导；感谢总体组和编制组参与单位及专家为平台定义贡献积累的研究成果及专业数据，保障了定义工作的可靠性和前瞻性；感谢张俊智、凌和平、万里恩、何承坤、侯杰、张晓东、赵永坡、秦志东、李高鹏、魏长河、姜龙、费二威、李贵宾、贾具宾、石求军、姜松林、黄琨、彭松林、赵立金、刘国芳、曲婧瑶、刘德舟、李冰等人员深入参与研究、积极协调资源，在本书的出版过程中付出辛勤努力，他们的努力确保了本书编写工作的高质量完成。希望《电动汽车智能底盘平台定义》的发布和出版能为行业的快速发展发挥积极作用。

由于智能底盘技术正处于快速变革阶段，书中疏漏之处在所难免，敬请广大读者批评指正。

中国汽车工程学会

目 录 CONTENTS

序
前言

第 1 部分　智能底盘技术平台定义

第 1 章　智能底盘关键零部件技术 ...003
1　轮边电机与 EMB 集成的双电制动系统 ...003
2　线控与差动集成的多模式转向系统 ...005
3　可变行程和可变特性的自适应主动悬架 ...008

第 2 章　智能底盘总体架构设计技术 ...010
1　智能底盘软硬件架构设计 ...011
2　新构型底盘集成设计 ...013

第 3 章　智能底盘切换控制技术 ...015
1　健康-异常-容错多模式时序协同的底盘切换控制 ...016
2　自动驾驶、座舱、底盘多域融合控制 ...017

第 4 章　智能底盘健康状态管理技术 ...020
1　底盘关键部件寿命预测与性能演化 ...020
2　底盘异常状态的感知与管理 ...022

第 5 章　智能底盘开发测试技术 ...024
1　驾驶模拟器 ...025
2　驱动/制动硬件在环 ...026
3　转向硬件在环 ...026

第 2 部分　乘用车智能底盘产品平台定义

第 6 章　乘用车智能底盘产品平台定义编制思路 …029
  1　智能底盘产品平台概述 …029
  2　乘用车智能底盘产品平台定义框架 …033

第 7 章　乘用车智能底盘产品平台共性特征 …036
  1　乘用车智能底盘产品平台系统架构 …036
  2　乘用车智能底盘产品平台功能架构 …046

第 8 章　极限运动产品平台 …051
  1　产品平台定义 …051
  2　架构特征 …055
  3　功能特征 …058

第 9 章　高端公务产品平台 …061
  1　产品平台定义 …061
  2　架构特征 …066
  3　功能特征 …070

第 10 章　城市运行产品平台 …075
  1　产品平台定义 …075
  2　架构特征 …079
  3　功能特征 …083

第 11 章　智能越野产品平台 …087
  1　产品平台定义 …087
  2　架构特征 …092
  3　功能特征 …097

第 12 章　展望与建议 …100
  1　共性技术 …100
  2　产品平台 …101

目 录

第 3 部分　商用车智能底盘产品平台定义

第 13 章　商用车智能底盘产品平台共性技术 …108
1　总体框架 …109
2　底盘系统架构及控制技术 …110
3　底盘系统基础技术 …118

第 14 章　公路重型货车产品平台 …127
1　重型货车运行场景 …127
2　重型货车底盘关键子系统 …130

第 15 章　轻型货车产品平台 …150
1　轻型货车运行场景 …150
2　轻型货车底盘关键子系统 …152

第 16 章　载人客车产品平台 …167
1　客车运行场景 …167
2　客车底盘关键子系统 …169

第 17 章　特种车产品平台 …178
1　特种车运行场景 …178
2　特种车底盘关键子系统 …183

第 18 章　展望与建议 …197
1　共性技术 …197
2　产品平台 …198

附　录 …203
附录 A　缩略语表 …203
附录 B　主要参与单位 …208

PART 01

第1部分 智能底盘技术平台定义

技术平台组的主要任务是定义面向 2025 年的智能底盘技术平台、细化描述牵引性技术、确定牵引性指标。牵头单位是清华大学，成员单位包括智能底盘平台定义各组长单位、各平台牵头单位、新势力和高技术代表单位、代表性零部件制造企业、高校和研究机构。技术平台定义的核心目标是定义面向智能驾驶的智能底盘牵引性技术，总体框架如图 1-0 所示，包括五大部分、十项内容，具体有智能底盘关键零部件技术、智能底盘总体架构设计技术、智能底盘切换控制技术、智能底盘健康状态管理技术和智能底盘开发测试技术。

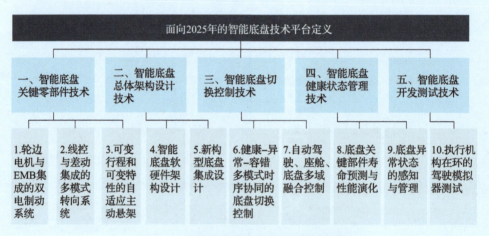

图 1-0　智能底盘技术平台定义总体框架

第1章
智能底盘关键零部件技术

零部件是底盘的基础，智能底盘包括很多零部件，其中最为关键的是制动、转向和悬架。三者面临的共性发展趋势是在进一步支撑电动化深化的基础上，进一步支撑高阶自动驾驶功能的实现。因此，全电制动、跨系统转向、自适应主动悬架等底盘关键零部件的全新设计与控制技术是重要发展方向。智能底盘关键零部件发展趋势如图1-1所示。

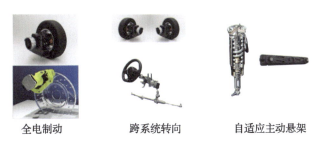

全电制动　　　跨系统转向　　　自适应主动悬架

图1-1　智能底盘关键零部件发展趋势

1　轮边电机与EMB集成的双电制动系统

如图1-2所示，在制动方面，牵引性技术是轮边电机与电子机械制动（EMB）集成的双电制动系统，包括双电制动与电子驻车制动（EPB）的冗余架构及容错控制、面向应急制动需求的失效状态监测、干式踏板模拟器及个性化制动模式设计。牵引性指标是单点失效制动最大减速度不低于$0.8g$。

制动系统是底盘中最为关键的安全系统，是汽车安全行驶最重要的保障，目前正加快向线控方向发展。当前，线控制动以电子液压制动（EHB）、电子气压制动和电子机械制动为主要形式。自主EHB线控制动已经处于量产应用阶段，但核心零部件精度、可靠性以及气液压控制技术等仍然无法突破国外企业在车

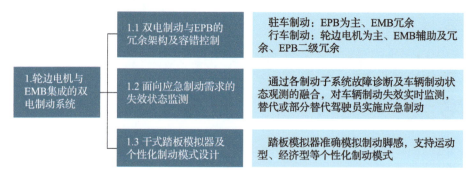

牵引性指标：单点失效制动最大减速度不低于0.8g

图1-2 轮边电机与EMB集成的双电制动系统技术

身电子稳定性控制（ESC）和电子制动系统（EBS）方面的壁垒和先发优势。EMB线控制动绕开了电磁阀等核心部件，取消了制动液回路，完全迈入电气化时代，控制灵活，结构简单，效率更高，实现完全解耦，是真正意义上的纯线控制动。EMB能够有效集成ESC、自动紧急制动（AEB）、自适应巡航控制（ACC）和自动泊车辅助（APA）等技术，可实现更多的冗余功能，大幅提高车辆行驶的稳定性和安全性，是高级别自动驾驶技术的理想制动执行机构，符合自动驾驶和低碳化汽车发展进程的需求。此外，EMB可以充分结合电驱动产业基础长板优势，颠覆液压、气压辅助系统附件构型，充分开展底盘架构革新，重新定义车辆动力学设计和控制理论，是推动科技创新，实现产业换道超车的最佳途径。

然而，单独的EMB也面临诸多挑战，热衰退、故障失效、可靠性低等问题一直是EMB系统难以量产的原因，难以规模化应用又制约了EMB技术的成熟和可靠性提高。随着汽车电动化的深化，轮边电机等形式逐渐得到量产应用，这给EMB应用提供了机遇。相比单独的EMB系统，在保障系统安全性和可靠性的前提下，轮边电机与EMB集成的双电制动系统对EMB的要求有所降低，有利于加快EMB技术的应用与成熟，是推动EMB技术快速发展的最佳途径。

相比于之前的制动系统，双电制动系统是全线控无机械或液压/气压备份的系统，面临的最大挑战是故障发生时如何保障足够的制动力，因此，选择单点失效制动最大减速度作为当前阶段的牵引性指标。

1.1 双电制动与 EPB 的冗余架构及容错控制

在双电制动系统中，EMB 系统设计时需要考虑如何通过锁止机构实现 EPB 功能，能够提供制动力的机构有轮边电机、EMB 电机、EPB 锁止机构。因此，设计冗余架构和容错控制技术，使得三者能够协作，成为系统关键牵引性技术之一。当前阶段，关于车辆驻车制动功能和行车制动功能，考虑如下。

驻车制动：EPB 锁止机构为主、EMB 电机冗余。

行车制动：轮边电机为主、EMB 辅助及冗余、EPB 锁止机构二级冗余。

以上是面向 2025 年对该技术的判断，随着技术的进步，以上功能定义将会简化。

1.2 面向应急制动需求的失效状态监测

面向应急制动需求的失效状态监测技术也是双电制动系统牵引性技术之一。如何在较少的传感器配置下实现整车制动状态失效模式的监测，将成为支持制动实现全线控的关键，这需要实现对车辆状态量的观测。通过各制动子系统故障诊断及车辆制动状态观测的融合，对车辆制动失效实时监测，进而替代或部分替代驾驶员实施应急制动。

1.3 干式踏板模拟器及个性化制动模式设计

双电制动系统是全线控无机械连接的系统，当驾驶员需要操作制动踏板时，需要有额外的踏板模拟器反馈力矩给操作的脚，否则会影响驾驶员的操纵感觉，从而引发危险。因此，如何设计干式踏板模拟器，准确模拟制动脚感，成为牵引性技术之一。此外，驾驶员操作感觉、踏板行程与实际制动力的解耦，使得更为灵活的运动型、经济型等个性化制动模式定制成为可能，如何设计制动模式适应不同驾驶员的不同需求，也是双电制动系统的关键。

2 线控与差动集成的多模式转向系统

如图 1-3 所示，在转向方面，牵引性技术是线控转向与差动转向集成的多模式转向系统，包括线控转向与差动转向的融合架构、转向失效状态监测及容错控制、路感模拟器及个性化转向模式控制。牵引性指标是线控转向失效切换到差动转向响应时间不长于25ms。

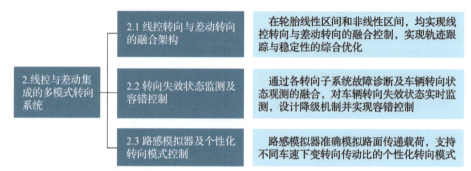

图1-3 线控与差动集成的多模式转向系统技术

为了顺应汽车电动化和智能化的发展，线控转向系统成为智能底盘发展的关键核心技术和趋势。线控转向系统取消了驾驶员和转向执行机构之间的机械连接，主要由手感模拟单元、控制器、转向执行单元组成。控制器根据驾驶员输入、车辆状态和路面信息输出手感模拟单元和转向执行单元的控制指令，手感模拟单元模拟由于机械连接缺失而失去的路感，转向执行单元根据驾驶员的操纵输入实现驾驶员期望的汽车转向。转向动力完全由人手以外的动力提供，即全动力转向。由于整个系统机电一体化，因而具有控制方式灵活、响应特性快速精确、易于和底盘其他功能集成控制的优点。

但与此同时，线控转向系统发生电子电气失效的概率增加，为此，通过对线控转向系统结构的重新设计，如采用双转向电机、双电源等冗余备份方案，保证了转向系统部分部件失效后车辆仍具备转向能力。然而，这也使得转向系统的机械结构、控制方式等变得十分复杂，且大大增加了系统的成本。

现阶段，线控液压制动系统普遍具备四轮制动压力独立调节能力，因而可以通过增加一侧车轮相对于另一侧车轮的制动压力，以产生横摆力矩，进而可以改变车辆的横摆运动状态。因此，线控液压制动系统具备实现差动转向的能力。此外，分布式电驱动日趋成熟，电机可独立工作在驱动或制动状态，可更为灵活地调节各车轮处的驱动力矩和制动力矩，可以在更大范围、更多工况下产生横摆力矩，进而实现差动转向。可以预见，在电动汽车智能底盘上，差动转向功能不只可以在车辆稳定性控制场景下改变不足转向或过度转向特性，还将逐渐在更多场景下发挥作用,发展的趋势将体现为线控转向与差动转向的集成发展。

当前阶段,对于线控转向与差动转向集成的多模式转向系统,在牵引性指标选择方面,首先要关注的是异构异质系统间的配合程度;其次,故障实现也是线控系统的共性关键问题。因此,选择失效场景下切换响应时间作为牵引性指标。

2.1 线控转向与差动转向的融合架构

车辆的横向控制包括轨迹跟踪和稳定性控制等内容,在正常转向工况下,当车辆横摆角速度较小时,一般仅靠线控转向即可完成路径跟踪任务,只有在较大横摆角速度下才需要线控转向和差动转向的协同;另外,在稳定性控制工况下,差动转向和线控转向适应的场景也有较大差别。总体而言,差动转向直接干预轮胎纵向力,相比线控转向更容易引发失稳现象。对此,如何在轮胎线性区间和非线性区间,均实现线控转向与差动转向的融合控制、实现轨迹跟踪与稳定性的综合优化,成为多模式转向系统的关键技术。

2.2 转向失效状态监测及容错控制

多模式转向系统异构特性在故障失效场景下提供更高的安全性,但也提出更高的要求。转向失效状态监测,是多模式转向系统的牵引性技术之一。不同转向失效状态下,系统剩余的转向能力不同,如何精准判断系统剩余能力及其边界,成为关键技术问题。底层传感、系统层监测、整车层观测等技术需要相互融合,才能支撑目标的达成。通过各转向子系统故障诊断及车辆转向状态观测的融合,对车辆转向失效状态实时监测,设计降级机制并实现容错控制。

2.3 路感模拟器及个性化转向模式控制

多模式转向系统中,方向盘与转向器之间不存在机械连接,路感和舒适性相关技术相比于传统转向系统发生较大变化,首先,路感模拟需要同时考虑线控转向与差动转向,应考虑车速、方向盘转角、转向执行电机力矩和差动转向执行等情况,特别是差动转向对路感的影响;其次,低速行驶时,要求转向具有轻便性,而随着车速的提高,路感应增强,保证驾驶员路感的稳定性;此外,在路感模拟机构中还需要增加回正控制模块，一方面保证低速工况下方向盘可以回到中心位置，另一方面保证高速工况下方向盘回正的超调量较小或不会超调。在此基础上，还需支持不同车速下变传动比的个性化转向模式。

3 可变行程和可变特性的自适应主动悬架

如图1-4所示，在悬架方面，牵引性技术是可变行程和可变特性的自适应主动悬架，包括取消横向稳定杆的主动悬架构型设计、基于路面状态预瞄的极限路况悬架协同控制，以及高可靠性和低摩擦性主动作动器设计。牵引性指标是主动悬架带宽不低于20Hz。

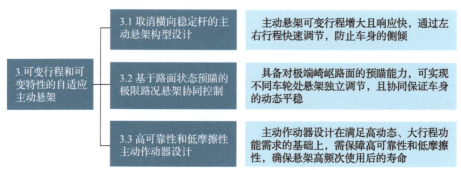

图1-4　可变行程和可变特性的自适应主动悬架技术

主动悬架是指根据车辆状态，通过电控系统智能地控制悬架执行机构，调节阻尼、高度、刚度，以及施加主动力等，以改善车辆舒适性和操纵稳定性的系统。为满足不断提高的驾乘体验和自动驾驶需求，智能悬架近年来发展迅速，通过摄像头探测路面起伏情况，悬架系统主动调节车轮高度而使车身在不平整的路面上仍能保持水平，可以在更多工况下提供车身稳定功能，并赋予整车更好的驾乘感受，使令人不适的车身垂向运动减小，从而消减车身颠簸和侧倾，提高车辆的操控性和稳定性。

可变行程和可变特性最大限度地减少了由道路和车辆垂向动力学引起的垂直加速度和车辆振动，能够适应更多更复杂的路面情况，有利于在乘坐舒适性和车辆稳定性之间取得更好的平衡。在有人驾驶时，主动悬架可提升平顺性、操纵性和稳定性的技术指标；在自动驾驶时，可提升舒适性和安全性的技术指标。

在牵引性指标选择方面，随着技术的成熟，高带宽的主动悬架的硬件基本成熟，能耗和成本得到了改善，已经具备量产条件。悬架的带宽越高，越可以在车身振动的更高频段范围内兼顾汽车的平顺性与操纵稳定性，是当前阶段最能反映主动悬架性能的综合性指标。

3.1 取消横向稳定杆的主动悬架构型设计

主动悬架面临的一大挑战是如何应对诸如角模块等高度集成的新行驶单元。由于驱动、制动、转向和悬架的高度集成，通常需要取消横向稳定杆，这给主动悬架的设计提出全新的要求：在满足高带宽、可变行程、可变特性的基础上，需要考虑替代横向稳定杆的功能，通过左右行程快速调节，防止车身的侧倾以及其他车辆稳定性问题。

3.2 基于路面状态预瞄的极限路况悬架协同控制

主动悬架要实现自适应，需要通过传感器对路面状态进行预瞄，根据车辆目前的行驶状态和未来的干扰等因素来提前做出调节，使悬架系统能最有效地抵消外部干扰所引起的振动。这里的自适应，指的是根据路面状态变化的实时调节，最具代表性的场景就是具备对极端崎岖路面的预瞄能力。在此基础上，针对四轮所处不同的路面情况，实现对不同车轮处悬架的独立调节，提高车辆在崎岖路面的通过性，降低车轮载荷波动，提高附着性能，改善操纵性和车身平稳性，同时减轻了轮胎的磨损。

3.3 高可靠性和低摩擦性主动作动器设计

要实现高带宽、可变行程、可变特性的主动悬架，离不开主动作动器的支持。主动作动器设计在满足高动态、大行程功能需求的基础上，需保障高可靠性和低摩擦性，确保悬架高频次使用后的寿命和全生命周期的能耗水平。

第2章
智能底盘总体架构设计技术

技术平台的第二大板块是总体架构的设计技术。近年来，智能底盘技术发展迅速，底盘硬件、软件、通信、控制等各方面都在革新，正在从原来的机械件变为信息件。为此，智能底盘总体架构设计发生较大变化，正在从原来的机械构型与电子电气架构分立设计，变为机械、电子电气、软件、算法等融合的架构设计。智能底盘总体架构设计发展趋势如图2-1所示。

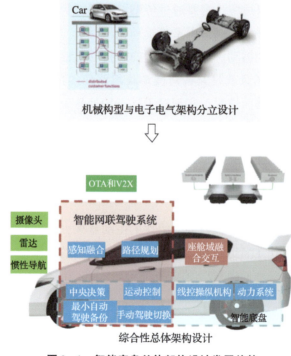

图2-1 智能底盘总体架构设计发展趋势

1 智能底盘软硬件架构设计

如图2-2所示,在智能底盘的软硬件架构设计方面,牵引性技术包括底盘域与自动驾驶域、座舱域的融合设计,基于面向服务的架构(SOA)的底盘域软硬件分离与集成设计,面向功能安全的底盘电子电气设计。牵引性指标是软硬件架构支撑底盘动力学与自动驾驶的深度协同控制。

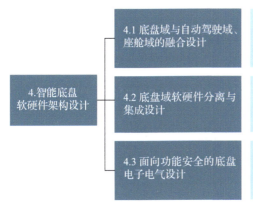

牵引性指标:软硬件架构支撑底盘动力学与自动驾驶的深度协同控制

图2-2 智能底盘软硬件架构设计技术

一方面,智能底盘发生变革的最大外因是自动驾驶。为了更好地实现自动驾驶,底盘域内要集成,与其他域要深度协同,同时还要能满足功能安全需求,这就需要智能底盘从软硬件层面进行支持。传统汽车上,防抱死制动系统(ABS)、半主动悬架系统(CDC)和ESC系统等底盘控制系统的装车率越来越高,这些电子控制系统显著提高了汽车的行驶安全性和乘坐舒适性,伴随而来的底盘多个电控系统间相互耦合导致的冲突也愈发明显。智能底盘域的集成控制作为解决各执行机构耦合冲突问题的有效手段,受到了学术界和工业界的广泛关注,从硬件和软件上对控制目标进行优化处理,根本上解决各子系统间的冲突,可实现整车综合性能最优。

另一方面,由于传统汽车的电子电气(EE)架构采用的是分布式架构,功能系统的核心为电子控制单元(ECU),因此,智能功能的升级依赖于ECU和传感器数量的增加,但由此产生的研发和生产成本也会剧增,并且会带来安全性降低、算力不足等问题。此外,在现有的分布式架构之下,难以做到众多

ECU 之间的快速协同升级。更加智能化功能的实现，要求各个执行机构的 ECU 之间进行高效的信息数据交换，以应对突发情况，保障驾驶安全，但在分布式架构下，各个 ECU 之间通过 CAN 总线通信，速度有限，难以满足智能汽车内部信息高效流转的需求。以上这些因素都在要求对智能底盘进行全新的软硬件架构设计。

牵引性指标方面，底盘动力学与自动驾驶的深度协同，是高级别自动驾驶能够真正覆盖极端场景的前提。实现这一目标需要对智能底盘进行全新软硬件架构设计，因此，设定软硬件架构支撑底盘动力学与自动驾驶的深度协同控制为当前阶段的牵引性指标。

1.1　底盘域与自动驾驶域、座舱域的融合设计

底盘域控制、区域控制、中央域控制等多种形式的控制设计思路目前得到行业认可，其共性技术中尤其需要考虑底盘域、自动驾驶域和座舱域的融合设计，在融合基础上才能真正实现车辆的高智能和驾驶的无人化。对此，不仅需要考虑正常工况下针对复杂道路及场景的软硬件设计，更需要考虑在极端工况下，例如车辆处于驱制动防滑、稳定性控制等动力学控制状态时，智能底盘相关的软硬件标准化接口设计，来满足人机协同、人机接管等条件下控制的一致性要求。

1.2　底盘域软硬件分离与集成设计

智能底盘域实现软硬件分离的前提是保障原有底盘控制性能不降低，同时通过软硬件分离提高研发效率、增加底盘控制功能、提高底盘控制性能。以底盘域控制器和执行控制器为例，当前阶段，增量式功能由底盘域控制器承担，原有功能由执行控制器承担，划分如下。

底盘域控制器：关键状态的融合观测、动力学模型统一解算、最小安全策略、冗余的主动安全算法等。

执行控制器：主动安全算法、精准执行控制算法、驱动算法等。

1.3　面向功能安全的底盘电子电气设计

智能底盘电子电气设计要满足高级别自动驾驶及相应功能安全需求，其中，供电和通信两大系统的设计尤其需要重点考虑。供电系统方面，断电是线控系统失效的共因，因此需要针对功能安全实现底盘高压与低压电源的一体化设计

与管理，确保底盘相关低压电源满足相关冗余需求和最小安全策略需求；通信系统方面，智能底盘通信架构要求满足高带宽、高实时、高可靠的要求，确保增量式主动安全算法也能实现快速闭环控制。

2 新构型底盘集成设计

如图 2-3 所示，在新构型底盘的集成设计方面，牵引性技术包括动力与底盘的一体化设计，驱动、制动、转向、悬架的一体化设计，模块化底盘与车身的高被动安全性设计。牵引性指标是满足最新版 C-NCAP 测评五星评级要求，轻量化系数小于或等于 2.0。

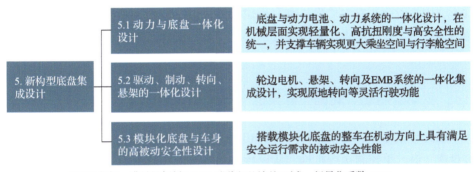

图 2-3 新构型底盘的集成设计技术

近年来，整车各系统的集成化发展成为新能源汽车的重要发展方向，例如通过将轮毂/轮边电机安装在轮辋内部或附近，使汽车具有车身布置灵活、结构紧凑、易于实现底盘模块化设计等优点；电池与底盘集成化是动力电池系统结构创新的发展方向，在电池系统集成方面取消模组，加大与电动汽车底盘的深度集成，构成电芯与底盘深度集成（CTC）；同时，也涌现了一些分布式驱动和制动、转向及悬架高度集成的产品，通过将轮毂电机和车轮悬架，以及车辆悬架系统和机电转向执行器进行集成化设计，将驱动装置整合成一个紧凑的单元。

随着各项集成技术的进步，高度集成的新构型底盘逐渐成为量产应用的可行方案，设计新的行驶单元将成为实现新构型底盘的重要途径。围绕高效、安全、舒适、降本四个核心原则，需要突破新构型底盘的集成设计技术，进而深度改变整车设计开发模式。

牵引性技术选择方面，底盘新构型带来了新的功能和更高的性能，但需要确保构型调整后仍然具有足够的碰撞安全性能，同时需要确保体现集成效果的轻量化指标提升。

2.1 动力与底盘一体化设计

底盘与动力电池、动力系统的一体化设计，突破了新结构设计与先进装配工艺，实现了底盘高度集成并与上车身解耦，在机械层面实现了轻量化、高抗扭刚度与高安全性的统一。轻量化和高抗扭刚度是动力与底盘一体化设计的关键特性，需要满足实际车型的需求，为车辆极限操控提供良好的机械特性。高安全性指的是高碰撞安全性和高电池安全性，一方面，需确保底盘与车身解耦后不会因为碰撞而发生危险、改变碰撞性能；另一方面，需确保电池不会因为碰撞发生热失控而起火。最终通过一体化设计，支撑车辆实现更大乘坐空间与行李舱空间。

2.2 驱动、制动、转向、悬架的一体化设计

通过轮边电机、悬架、转向及 EMB 系统的一体化集成设计，重新定义智能底盘横、纵、垂控制执行机构，从设计出发，真正实现底盘三维协同，为底盘域内融合控制奠定基础。四者的一体化设计，同时从驱动、制动、转向等维度进行机构参数设计与选型，改变只针对原有单一要素进行构型设计的局限，机构的相互协作与冗余更为合理，成本和性能可以做到更优。此外，基于一体化设计，可以实现诸如原地转向等更为灵活的行驶功能，为车辆运动控制提供更多的可能。

2.3 模块化底盘与车身的高被动安全性设计

搭载模块化底盘的整车在机动方向更为灵活，相比于传统汽车只能进行直线和转弯行驶具有更多行驶模式，例如蟹行、斜行等行驶模式，但这也带来新的问题：如何保障在新的行驶模式下整车满足安全运行需求，尤其是被动安全性能。需要针对新的行驶模式对碰撞问题进行重新考量，对车辆原有的应力和受力进行重新梳理，因此，模块化底盘与车身的高被动安全性设计技术成为当前阶段的关键。

第 3 章
智能底盘切换控制技术

技术平台的第三大板块是底盘的切换控制技术。底盘控制涉及多个子系统，当前正在进行纵、横、垂动力学控制的协同。面对高级自动驾驶的蓬勃发展，底盘控制出现新的发展动向，正在转变为面向正常运行过程、诊断过程、失效运行过程的切换控制，可以实现多过程多域控制策略的融合。智能底盘控制技术发展趋势如图 3–1 所示。

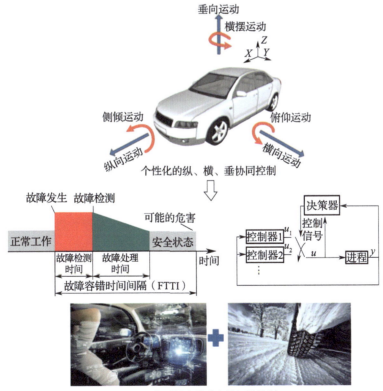

图 3–1 智能底盘控制技术发展趋势

1 健康－异常－容错多模式时序协同的底盘切换控制

如图3-2所示，代表性的技术是健康－异常－容错多模式时序协同的底盘切换控制，包括了多模式切换的底盘安全边界量化，面向模式切换的底盘状态参数协同估计与失效监测，多模式时序协同的底盘容错切换控制。牵引性指标是单轮故障模式下车辆在任意方向仍具备轨迹跟踪能力。

牵引性指标：单轮故障模式下车辆在任意方向仍具备轨迹跟踪能力

图3-2　多模式时序协同的底盘切换控制技术

智能底盘面临的增量式问题是功能安全问题，功能安全问题聚焦到控制上，就是如何针对故障实现安全控制。原有的底盘安全控制主要解决健康状态下危险工况的控制问题，而当故障发生频率增加后，除了健康状态，故障异常状态和冗余容错状态下的安全控制研究也被提上了日程，变成需要攻克的主要问题。

难点是如何保障故障发生后，随着状态的转换，控制性能满足安全要求。这就需要在继续深化研究原有车辆动力学控制的基础上，进一步分析和考虑执行机构故障带来的影响，以及采取冗余措施后动力学控制发生的改变。更进一步，需要综合考虑全过程，确保状态转换过程性能满足预设要求。

牵引性指标选择方面，针对新构型的智能底盘，要求当单轮故障时，车辆仍然具备任意方向的轨迹跟踪能力，这就要求底盘切换控制算法能够很好地处理健康状态到异常状态，再到容错状态的转变，从功能层面牵引底盘控制技术的转变。

1.1 多模式切换的底盘安全边界量化

底盘安全边界量化一直是实现汽车在高复杂、高动态交通环境下安全控制的关键问题，智能线控底盘上的多执行、多传感可能发生各种动态不确定性的故障，导致原有安全边界发生变化，造成原有控制方法与可控空间失配。需要随着健康状态、异常状态、容错状态的转变实现对底盘安全边界的量化计算与实时更新。

1.2 面向模式切换的底盘状态参数协同估计与失效监测

智能底盘的运行场景中往往存在着大量的时变且不可观测的隐变量因素，包括附着力、坡度、风速等外界因素，与驱动、制动系统磨损消耗等内部因素。因此，需要结合各典型工况及模式切换下控制算法的特点，提出关键状态实时观测与协同估计技术，设计适应模式切换的底盘关键参数协同估计方法。在此基础上，设计底盘层面失效状态的判断与监测方式，为容错切换控制的实施提供条件。

1.3 多模式时序协同的底盘容错切换控制

当前，各自模式下底盘控制独立设计，在不同模式下控制性能有差异，控制算法鲁棒性较差，需要将智能底盘健康、异常、容错多模式时序切换过程作为整体，进行相关控制系统的设计，确保所设计的底盘切换控制能够保持控制性能在合理范围内，并且支持智能底盘发生故障时自重构与自组织的行驶功能，提升底盘安全性。

2 自动驾驶、座舱、底盘多域融合控制

如图 3-3 所示，自动驾驶、座舱、动力、底盘多域融合控制，包括基于传感器共用的底盘状态参数高精度联合观测，基于动力学安全边界的底盘自主决策方法和二次运动规划方法，底盘域、自动驾驶域、座舱域的冗余交互机制。牵引性指标是单一系统部分失效 60km/h 跛行距离大于或等于 80km。

牵引性指标：单一系统部分失效60km/h跛行距离≥80km

图3-3 自动驾驶、座舱、底盘多域融合控制技术

底盘与其他域的融合控制正在成为学术界和产业界研究的热点。动力域与底盘域随着通信技术的发展已逐渐融合，形成驱动、制动、转向等深度融合的动力底盘域控制器。随着智能驾驶技术的成熟，动力底盘域与智能驾驶域会进一步融合，成为整车的中央域控制大脑。域控制融合过程中，相应的电子电气架构也会进行相应的更新和迭代，满足域控制器之间以及域控制器和执行结构之间的通信需求。

同时，智能底盘域控制集成自动驾驶最小系统及相应的通信系统，具备与自动驾驶系统交互极限工况下动力学控制边界的能力。当自动驾驶域出问题后，底盘域与自动驾驶系统交互协商各自的故障降级处理模式，可接管并承担一定的功能，确保行车安全。智能底盘域所能提供的车辆稳定性控制应该同时支持自动驾驶域和手动驾驶域，并在以上二者切换的过程中承担平滑过渡责任。

牵引性指标选择方面，单一系统部分失效条件下的跛行距离，是检验整车各域、各系统协同程度的最佳指标，低协同程度难以实现该功能，是目前最为合适的牵引性指标。

2.1 基于传感器共用的底盘状态参数高精度联合观测

设计底盘域、自动驾驶域、座舱域的传感器共用架构，通过多传感器信息融合技术，综合利用不同传感器冗余互补特性，提高感知系统整体的时频覆盖范围，从而实现底盘传感系统整合与信号融合，实现系统对车速、质心侧偏角等车辆状态的联合观测，并具有单一传感失效的降级观测功能，从而为底盘域下安全控制的整合调度提供保障。

2.2　基于动力学安全边界的底盘自主决策方法和二次运动规划方法

重新设计自动驾驶域与底盘域的交互机制，确保车辆处于冰雪路面等极端动力学工况下时自动驾驶域与底盘域可以实现深度协同控制，提高极端场景下的安全性能。尤其是实现车辆稳定性控制与轨迹规划控制的一体化，打通底盘与自动驾驶的长尾工况。在紧急情况下，智能底盘可根据路面冰雪等情况实现运动轨迹的二次规划和控制，实现最小、最快闭环。

2.3　底盘域、自动驾驶域、座舱域的冗余交互机制

在现有架构下，当自动驾驶退出，驾驶员接管时，可以由底盘控制支持实现自动驾驶和手动驾驶的平滑过渡，避免驾驶员恐慌，降低驾驶员操作难度。当自动驾驶系统发生故障时，底盘支持自动驾驶最小安全策略的实施，并在必要时启用底盘紧急停车功能，底盘也可以对最小安全策略进行备份。

第4章
智能底盘健康状态管理技术

无人化不仅体现在驾驶无人化,也体现在管理无人化。在有人驾驶车辆上,底盘健康状态由人管理,无人驾驶后,底盘健康状态由车辆自身进行管理,这是无人化后要想实现智能汽车大规模产业化必须面临的新挑战。智能底盘健康状态管理技术发展趋势如图4-1所示。

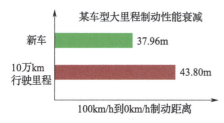

a)预测大里程运行后性能衰退　　b)感知与定位底盘零部件松动、断裂等产生异响

图4-1　智能底盘健康状态管理技术发展趋势

1 底盘关键部件寿命预测与性能演化

如图4-2所示,底盘关键部件的寿命预测与性能演化,包括长期服役与极限环境下底盘性能的退化机制、底盘性能衰减演化数字孪生模型、基于实时云监测的底盘性能衰减模型自进化。牵引性指标是轮胎磨耗寿命预测精度大于或等于90%。

传统的汽车诊断只能在故障发生后进行记录,而当前诊断的方式已经不再局限于利用诊断仪的本地诊断,或者是借助网联技术的云端在线诊断,而是正在发展出基于大数据与故障预测模型的预测性诊断。预测性诊断的目的是让部件和系统能够有最长的使用寿命,汽车部件一般都是为了长时间使用而设计的,除了部分易损件之外，大多数部件的预期寿命都可能超过 10 年，即使是易损件，大部分寿命也在 1 年以上。

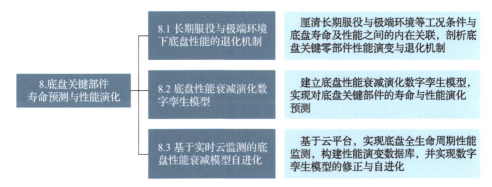

牵引性指标：轮胎磨耗寿命预测精度≥90%

图 4-2　底盘关键部件寿命预测与性能演化技术

底盘作为汽车系统和部件的关键集成，对它的寿命和性能演化预测在汽车无人化后更为重要，是智能底盘健康状态管理的关键组成部分。车云和车联网在电动汽车上的规模化应用，为底盘关键部件的寿命预测奠定了可能，亟待开展相应的机理机制和数字孪生模型构建工作。

牵引性指标选择方面，轮胎是底盘特性的关键，是底盘与路面交互的重要单元，是底盘控制性能和安全性能的基石。选择轮胎磨耗寿命预测精度作为牵引性指标符合当前发展阶段的要求。

1.1　长期服役与极端环境下底盘性能的退化机制

长期服役环境与极端环境是决定底盘寿命的两大关键性环境，需要厘清这些环境的工况条件与底盘寿命以及性能的内在关联，剖析底盘关键零部件的性能演变与退化机制，找到底盘各部件寿命变化的关键影响因素和变化规律，为构建性能演变模型奠定基础。尤其针对与底盘最为相关的极端环境，应识别出对底盘寿命危害最大的工况。

1.2　底盘性能衰减演化数字孪生模型

基于底盘关键部件性能衰减机理，建立底盘性能衰减演化数字孪生模型，实现对底盘关键部件的寿命与性能演化预测。针对包括轮胎、线控制动、线控转向、线控悬架以及关键结构件等零部件建立数字孪生模型库，覆盖不同底盘构型、不同车辆参数，为寿命预测奠定理论基础。

1.3 基于实时云监测的底盘性能衰减模型自进化

基于云平台，研究底盘关键部件数据采集方法，基于数字孪生模型，实现底盘全生命周期性能监测与预测，并构建性能演变数据库。与此同时，根据实时演化数据，实现数字孪生模型的修正与自进化，最终实现对底盘关键部件寿命的精准预测与告警。

2 底盘异常状态的感知与管理

如图4-3所示，底盘异常状态的感知与管理，包括底盘异响的感知与定位，底盘关键部件松动、断裂等性能异常的识别，底盘健康状态的分级管理机制。牵引性指标是车轮松动识别准确率大于或等于90%。

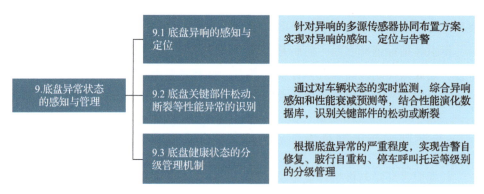

牵引性指标：车轮松动识别准确率≥90%

图4-3 底盘异常状态的感知与管理技术

在车与人的关系中，汽车变为无人驾驶后，原本人对底盘异常状态的感知和适应性操纵消失了，智能底盘应把相应的能力补上。对于驾驶员来说，汽车行驶里程较长后，主观感觉底盘有"松散感"，即余振和异响共同导致的人员主观感受，这会让人有不舒适的感觉，特别是在连续颠簸路面行驶时有余振感，过坎、过坑时有尖锐或清脆的撞击声。这些是驾驶员能够感知到的，及时处理可以避免更严重的故障或损坏发生。对于无人驾驶车辆来说，也应具备相应的能力，避免小病变大害。

此外，智能底盘也需要能够处理异常响应，避免过度响应，这些都需要底盘具有相当的智能和恰当的管理机制。这也是智能底盘"智能"最重要的体现，是支持高级别自动驾驶落地应用的关键。

在牵引性指标选择方面，车轮松动是最典型也最为危险的工况，是当前阶段判断底盘异常状态感知水平最为合适的工况。

2.1 底盘异响的感知与定位

研究底盘不同种类异响的规律，分析异响与底盘安全行驶的关系，确定与严重危险相关的异响类型，并针对异响实现多源传感器协同布置。更进一步，实现对异响的感知、异响位置的确定、严重程度的预判，以及对乘员或拥有者的告警。

2.2 底盘关键部件松动、断裂等性能异常的识别

基于对车辆和底盘关键状态的观测与实时监测，结合故障信息、异响感知信息，以及数字孪生模型对底盘性能衰减的预测信息，参考性能演化数据库，对关键部件的松动或断裂进行识别，尤其是对车轮松动等严重影响行驶安全的异常进行识别。

2.3 底盘健康状态的分级管理机制

根据底盘异常严重程度的自适应判断，调用底盘健康状态的分级管理机制，实现包括告警自修复、跛行自重构、停车呼叫托运等级别的分级管理。在确保安全的前提下，尽可能实现智能底盘最大化寿命利用，提升使用效率，降低维护成本。

第 5 章
智能底盘开发测试技术

技术平台最后一项牵引性技术是智能底盘开发测试技术。目前的智能底盘开发测试技术,主要以实车道路试验为主导,而这一趋势正在发生改变。基于驾驶模拟器与执行机构在环结合的研发装备,正在成为智能底盘安全、体验两大属性研发的重要支撑装备。智能底盘开发测试技术发展趋势如图 5-1 所示。

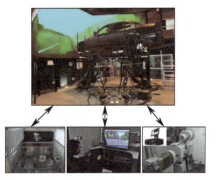

a) 执行机构在环的驾驶模拟器测试　　b) 轮胎特性在环的极端场地测试

图 5-1　智能底盘开发测试技术发展趋势

如图 5-2 所示,执行机构在环的驾驶模拟器测试,包括驾驶模拟器、驱动/制动硬件在环、转向硬件在环,牵引性指标是底盘关键执行能力拟真度不低于 90%。

智能底盘系统的复杂度和运行场景的复杂度大幅增加,开发测试难度随之增加。过去的开发只针对标准工况进行,开发过程中较少考虑特殊工况,如机械系统不允许失效,在较短时间内验证其满足严苛的可靠性要求。智能底盘上电控系统的失效模式更多,预测难度大,这使得开发和测试时间过长。为了解决这一问题,需要优化开发和测试技术来提高开发效率。

第 5 章 智能底盘开发测试技术

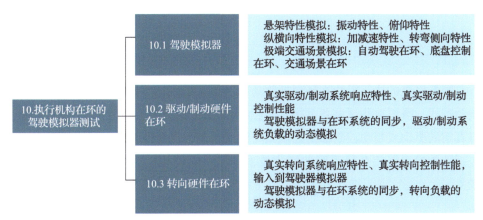

牵引性指标：底盘关键执行能力拟真度不低于90%

图 5-2 执行机构在环的驾驶模拟器测试技术

对传统底盘部件的系统级测试可以基于硬件在环系统进行，评估例如转向或制动系统的响应特性，也可以用于加速耐久试验。驾驶模拟器可以用来服务部分自动驾驶功能的测试，也可以支持乘员舒适性部分的研究测试，支撑悬架技术的研究开发。然而，如何在台架上对底盘整体功能和性能测试进行支撑，目前是国内外重要的研究方向。执行机构在环的驾驶模拟器测试技术具有这方面的潜能，是该方面重要试验装备的关键技术。

在牵引性指标选取方面，如何在台架或测试装备上准确模拟关键执行能力，是降低实验室方法与实车方法差异的关键，也是加速智能底盘关键技术研发的重点，因此，选取底盘关键执行能力拟真度为评价测试装备的牵引性性能指标。

1 驾驶模拟器

面向智能底盘测试的驾驶模拟器，不仅需要前向场景的模拟，也需要尽可能模拟真实的悬架特性，便于评估车辆振动特性和俯仰特性等，还需要模拟车辆加减速特性、转弯侧向特性等车辆纵横向特性。此外，前向场景还需要自动驾驶系统在环、底盘控制器在环、交通场景在环，便于测试智能底盘与自动驾驶的交互性能。

2　驱动/制动硬件在环

智能底盘的执行机构在环包括驱动和制动系统在环。根据不同的驱动形式、制动形式，需要在测试装备上将真实驱动/制动系统的响应特性体现出来，同时将真实的驱动或制动控制器的控制策略体现出来，这需要相应测试技术的支持，包括驾驶模拟器与在环系统的同步技术，以及驱动/制动系统负载的动态模拟技术。

3　转向硬件在环

与驱动/制动系统类似，智能底盘测试装备也需要将不同的真实转向系统响应特性、真实转向控制性能输入到驾驶模拟器。此外，通过驾驶模拟器与在环系统的同步技术，以及转向负载的动态模拟技术，确保室内测试与实车测试更为接近。

PART 02

第 2 部分
乘用车智能底盘产品平台定义

安全与节能是新能源汽车在"双碳"背景下的核心议题，支撑了我国的低碳发展和能源革命战略。智能化技术的发展提升了汽车的安全性，对底盘线控技术提出了更高要求。当前，我国在汽车高阶性能领域与国外仍有差距，智能底盘与自动驾驶的交互开发、性能匹配，以及线控底盘的性能与可靠性等方面均有待提升。因此，需要加大智能底盘研发力度，推动新能源汽车产业的健康发展。

智能底盘是智能驾驶和底盘电控技术发展的产物，涵盖制动、转向、悬架和轮胎系统。传统底盘仅满足基础驾驶需求，随着智能驾驶需求的增长，底盘系统需要更加智能、安全。电力回馈制动、电子机械制动、线控转向、电控减振器和空气弹簧等新技术正逐步应用，构成了新一代智能底盘。底盘电控技术的发展使得底盘域控制成为智能底盘的关键，然而，这也带来了新的挑战，如功能间性能干扰、信息独立导致的状态估计失准，以及优化目标差异造成的决策难题。因此，智能底盘综合协同控制仍是重要的发展方向。

在中国汽车工程学会和电动汽车产业技术创新战略联盟的组织下，电动汽车智能底盘技术路线图项目于 2021 年 7 月启动，旨在保障智能汽车产业链安全稳定，提升市场竞争力。项目汇聚行业力量，制定了电动汽车智能底盘技术路线图[一]，引导研发与产业化。目标是至 2025 年，在有影响力的企业实现自主品牌线控智能底盘的批量应用，关键技术指标达到国际水平，关键部件产业链自主可控；至 2030 年，期望初步形成品牌效应，智能底盘性能与关键技术指标均达到国际领先水平，构建完整自主可控产业链，并培育国际竞争力强的企业。

未来，智能底盘将成为汽车领域的核心竞争要素，它集成了众多先进技术，包括集成式驱动、线控制动、线控转向、主动悬架、轮胎以及底盘域控制等。这些技术的融合，不仅提升了汽车的综合性能，更带来了前所未有的驾乘体验。本部分以我国节能与新能源汽车发展战略为指引，深入研究了国内外智能底盘技术与产品的现状，并对未来的发展趋势进行了预判。在本部分，我们将清晰地勾勒出乘用车智能底盘产品平台与技术平台的发展蓝图。提前布局，积极研发，突破智能底盘关键技术，确保我国汽车产业在智能底盘领域取得领先地位，是我国节能与新能源汽车产业转型升级、实现高质量发展的重大战略需要。

[一]《电动汽车智能底盘技术路线图》于 2023 年正式出版。

第 6 章
乘用车智能底盘产品平台定义编制思路

当前,汽车电动化与智能化迅速发展,智能底盘成为汽车技术进步的重要产物,并且服务于智能驾驶的前沿领域。智能驾驶的实现离不开一个稳固、可靠的底盘平台,该平台不仅需要承载车身和各种设备,还必须具备感知、输入、判断以及控制执行等复杂功能。这些功能的集成使得智能底盘成为智能电动车辆实现行驶任务的核心组件。

智能底盘通过线控化的技术,搭建起了智能汽车的控制执行系统。线控技术不仅提高了系统的响应速度和准确性,还为未来的技术升级和扩展提供了便利。通过线控制动、线控转向、线控悬架等先进技术的应用,智能底盘能够实现对车辆各种动态性能的精准控制,从而提升了车辆运行的综合性能。

智能底盘的发展为智能电动汽车产品的功能/性能拓展提供了更多可能性,智能底盘产品平台的定义以未来汽车功能、性能、生态发展需求为牵引,探索智能底盘技术发展的趋势和方向。根据应用场景的不同,初步划分出极限运动、高端公务、城市运行、智能越野四大产品平台,通过对系统架构、功能架构、功能定义、技术路径、牵引性指标的梳理,探讨未来智能底盘的发展路径。

1 智能底盘产品平台概述

1.1 智能底盘产品平台定义

智能底盘产品平台主要包含的系统及其作用如图 6-1 所示。

智能底盘作为车辆智能化行驶的基石,不局限于为自动驾驶系统、智能座舱系统、新型动力系统提供承载平台。这个系统拥有认知和预判的能力,能够实时感知车轮与地面间的相互作用,包括路面的状况、轮胎受力、车辆姿态等信息。基于这些数据,智能底盘能够精确控制车辆的行驶状态,确保车辆稳定、安全地行驶。

a)主要包含的系统

b)驱动系统　　c)制动系统　　d)转向系统　　　　e)悬架系统

图6-1 智能底盘产品平台的构成及作用

此外,智能底盘还具备管理自身运行状态的能力。它能够通过传感器实时监测底盘各部件的工作状态,如悬架系统、制动系统、转向系统等,以及车辆的整体姿态和动态性能。一旦发现异常情况或潜在风险,智能底盘能够迅速做出反应,通过调整相关参数或启动应急措施来保障车辆的安全性和稳定性。

智能底盘的具体实现涉及多个领域的先进技术,包括传感器技术、控制算法、人工智能等。这些技术的融合使得智能底盘能够实时感知并适应不同的道路条件和驾驶场景,为自动驾驶系统提供可靠的支撑。同时,智能底盘还能够与座舱系统、动力系统等其他车载系统进行无缝对接,共同实现车辆的智能化行驶任务。

1.2 智能底盘产品平台的功能、需求及其场景

如图6-2所示,智能底盘产品平台作为车辆动力学控制的核心部分,不仅承载着确保车辆操控性、舒适性、高效性和安全性的多重任务,还与车辆动力

学控制（纵向/横向/垂向，俯仰/侧倾/横摆）以及智能底盘控制系统（驱动系统、制动系统、转向系统、悬架系统）之间存在复杂而紧密的联系。

图6-2 乘用车智能底盘产品平台定义思路

1. 智能底盘产品平台的功能

智能底盘产品平台对于车辆动力学控制有以下主要功能。

（1）纵向控制的精准实现

纵向控制主要涉及车辆的加速和减速过程。在传统的汽车底盘系统中，加速和减速主要依赖于发动机或电机以及制动系统的工作。然而，在智能底盘产品平台中，通过引入先进的驱动系统和制动系统，可以实现更为精准和平稳的加速与制动过程。智能底盘产品平台可以通过集成先进的电力驱动系统，如轮毂电机等，实现更快的响应速度和更高的能量转换效率。同时，通过引入智能制动系统，如线控制动系统等，可以使车辆根据驾驶条件和车辆状态自动调整制动力度，确保行车安全。

（2）横向控制的稳定保障

横向控制主要关注车辆的转向和稳定性。在智能底盘产品平台中，通过引入先进的转向系统和电子稳定程序（ESP），可以实现更为敏捷和稳定的转向响应。智能转向系统可以根据车速和转向角度自动调整转向助力，提高车辆的操控性。同时，通过引入 ESP 等车辆稳定性控制系统，可以在车辆出现侧滑或失控时自动介入并纠正车辆姿态，保障行车安全。这种稳定的横向控制不仅可以提高驾驶员的驾驶信心，还可以确保车辆在各种路况下的稳定性。

（3）垂向控制的舒适体验

垂向控制主要涉及车辆的悬架系统。在智能底盘产品平台中，通过引入主动悬架系统和空气悬架等技术，可以实现更为舒适和平稳的乘坐体验。主动悬架系统可以根据路况和驾驶模式自动调整悬架刚度和阻尼系数，提高车辆的通过性和稳定性。同时，空气悬架技术可以根据需要自动调整车身高度和姿态，提高乘坐舒适性和通过性。这种舒适的垂向控制不仅可以满足乘客对舒适性的需求，还可以提升车辆的品牌形象和市场竞争力。

2. 智能底盘产品平台的应用需求及其场景

乘用车智能底盘产品平台的代表性应用需求及其对应的应用场景如下。

（1）操控性需求

在极限运动场景下，如赛车、越野等场景，车辆需要具备敏捷的操控响应和稳定的操控性能。智能底盘产品平台通过精准的纵向、横向和垂向控制，以及先进的驱动、制动、转向等技术可以满足这些需求。

（2）舒适性需求

在高端公务场景下，如商务接待、公务出行等场景，车辆需要提供舒适的乘坐体验和高品质的服务氛围。智能底盘产品平台通过先进的悬架系统和车身高度调节等技术可以实现更为舒适和平稳的乘坐体验。

（3）高效性需求

在城市运行场景下，如城市通勤、物流配送等场景，车辆需要具备高能源利用效率和低排放的性能。智能底盘产品平台通过集成先进的电力驱动系统和能量回收等技术可以实现更为高效和环保的能源利用方式。

（4）安全性需求

在智能越野场景下，如智能巡航、智能避障等场景，车辆需要具备高度的安全性和可靠性。智能底盘产品平台通过先进的车身稳定系统和主动安全系统等技术可以确保车辆在各种复杂路况下的稳定性和安全性。

2 乘用车智能底盘产品平台定义框架

乘用车智能底盘产品平台定义框架如图 6-3 所示。

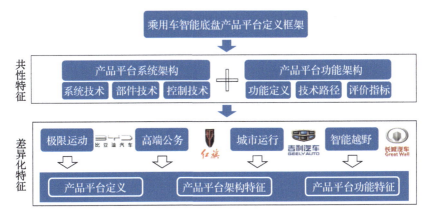

图 6-3 乘用车智能底盘产品平台定义框架

下面分别从共性特征和差异化特征两方面进行阐述。

2.1 共性特征

对于新能源乘用车智能底盘产品平台而言,其共性特征可以从两个核心层面进行深入剖析。

首先是产品平台系统架构,这一层面包含了智能底盘系统技术、智能底盘部件技术以及智能底盘控制技术三大关键组成部分。

智能底盘系统技术是新能源乘用车智能底盘产品平台系统架构中的基石。它涉及底盘的整体设计与集成,不仅关注底盘的静态结构,更重视其在不同行驶场景下的动态响应。通过智能底盘系统技术,可以获得不同的机械、电气、电子、通信等底盘系统架构。

智能底盘部件技术则是底盘系统中的重要组成部分,涵盖了底盘中的各个关键部件,如悬架系统、制动系统、转向系统等。这些部件是独立设计和集成协同的物理基础,智能化的部件系统为底盘、动力、智能驾驶等领域的融合与协同提供了关键执行层基础。

智能底盘控制技术也是系统架构中不可或缺的一环。对底盘系统的精准控制，需要基于先进的传感器和算法，实现对车辆行驶状态的实时感知和调节，对底盘系统的智能化调控和优化管理，协调多领域控制系统，决定了乘用车的操控性能和行驶品质。

其次，除了系统架构外，新能源乘用车产品平台的功能架构也是其共性特征的重要体现。其中，功能定义明确了底盘平台在新能源车辆中应发挥的具体功能和作用，包括场景定义、车型级别、性能需求等，为后续的技术研发和应用提供了明确的指导方向。智能底盘技术路径则是根据功能定义制定的技术研发路线，包括了技术研发的重点方向等。通过制定科学、合理的技术路径，可以确保智能底盘技术的有效性和可行性。智能底盘评价指标是对底盘性能和技术水平进行客观评估的标准和依据，指标涵盖了底盘的操控性能、舒适性、安全性等多个方面。通过量化评估可以全面了解底盘的性能表现，也可为产品的优化和改进提供数据支持，有助于不断提升新能源乘用车的产品质量和市场竞争力。

2.2 差异化特征

对于新能源乘用车智能底盘产品平台，其产业化特征表现得尤为突出，主要可归纳为四种类型：极限运动产品平台、高端公务产品平台、城市运行产品平台以及智能越野产品平台。这四种类型各具特色，为市场提供了多元化的选择。

极限运动产品平台为追求极致驾驶体验的用户而设计，它集成了先进的动力系统和操控技术，以确保车辆在极限运动环境下仍能展现出卓越的稳定性和安全性。无论是高速过弯还是紧急制动，极限运动产品平台都能提供精准而迅速的响应。

高端公务产品平台以提供尊贵、舒适的公务出行体验为目标，注重车辆的豪华感和舒适度，通常配备高级的内饰、宽敞的空间以及智能化的办公设施。同时，高端公务产品平台尤其注重车辆的舒适性，以体现公务、商务用车的高端品牌形象。

城市运行产品平台侧重于满足城市出行的日常需求，强调便捷性、经济性和实用性，通过优化动力系统和底盘控制，实现更友好的使用体验。另外，城市运行产品平台还配备智能化的驾驶辅助系统，如自动泊车、智能导航等，以缓解城市交通压力，提高出行效率。

智能越野产品平台则结合了越野性能与智能化技术，使越野型产品不仅拥有强大的越野能力，可以轻松应对复杂地形和恶劣天气。同时，基于先进的智能感知和控制系统，智能越野产品平台可实现精准的车辆控制和安全防护，确保驾驶者在越野过程中始终保持安全和舒适。

综上所述，乘用车智能底盘产品平台的产业化特征丰富多样，各类型产品平台在定义、架构和功能特征上各有特色。这些特征共同构成了新能源乘用车市场的多元化格局，满足了不同用户的多样化需求。

第 7 章
乘用车智能底盘产品平台共性特征

随着汽车工业的发展，各种新技术、新材料和新工艺不断涌现，为乘用车智能底盘产品平台的共性特征提供了技术支撑。例如，模块化设计思想使底盘等核心部件可以实现高度通用化；先进的生产工艺和质量控制技术则保证了平台化生产的产品质量。

市场需求的动态变化也推动了乘用车智能底盘产品平台共性特征的形成。随着消费者对汽车安全性、舒适性、智能化等方面要求的提高，乘用车产品需要不断升级和改进。平台化技术可以通过灵活调整和配置，快速满足市场多样化需求，降低开发成本和时间周期。

汽车制造商需要不断提高生产效率，降低成本并提升产品质量，以增强市场竞争力。平台化技术可以实现规模效应和资源共享，通过产业链整合，推动汽车制造商与供应商、研发机构等合作伙伴形成紧密的合作关系，共同推动技术进步和产业升级。

以上这些因素共同推动了乘用车智能底盘产品平台共性特征的形成和发展。乘用车智能底盘产品平台作为一个开放、通用的技术体系，可以不断吸收新的技术和创新成果。共性特征的存在为技术创新提供了良好的基础，使得新技术可以更容易地应用到不同车型上。同时，产品平台化也有助于实现技术的快速升级和迭代，推动整个乘用车行业的技术进步。

1 乘用车智能底盘产品平台系统架构

乘用车智能底盘产品平台系统架构是一个高度集成且复杂的系统，它涵盖了底盘系统技术、底盘部件技术以及底盘控制技术三个方面，如图 7-1 所示。

第7章 乘用车智能底盘产品平台共性特征

图7-1 乘用车智能底盘产品平台系统架构

底盘系统技术是乘用车智能底盘产品平台系统架构的基石。这一技术主要包括底盘机械架构技术、电子电气架构技术以及底盘综合安全技术。底盘机械架构技术是指对底盘结构的设计和优化，通过合理的底盘、动力、电池、车身集成布局和轻量化材料的应用，提高车辆的操控性和稳定性。电子电气架构技术涉及底盘各系统之间的信息传递和协同工作，通过高速、高效的数据传输和处理，实现底盘各系统的智能化和协同化。底盘综合安全技术将各种安全技术集成到底盘系统中，如主动安全、功能安全、预期功能安全、信息安全等，以提升车辆的整体安全性能。

底盘部件技术是乘用车智能底盘产品平台系统架构的重要组成部分。它主要包括底盘驱动系统、线控制动系统、线控转向系统以及主动悬架系统。底盘驱动系统负责提供动力，将动力源的动力传递给车轮，实现车辆的行驶。线控制动系统则通过电子信号控制制动系统的工作，提高制动的响应速度和精度。线控转向系统则利用电子信号控制转向机构，实现更加精准的转向操作。主动悬架系统则能够根据路况和车速自动调节悬架的刚度和阻尼，提升车辆的乘坐舒适性和操控稳定性。

底盘控制技术是乘用车智能底盘产品平台系统架构中的关键部分。它主要包括横、纵、垂融合控制技术和跨系统冗余控制。横、纵、垂融合控制技术是指将车辆的横向、纵向和垂向控制进行融合，通过协调各部件系统的工作，实现车辆平稳行驶和对车辆高动态运动的精准操控。跨系统冗余控制通过冗余设计和故障诊断技术，确保在某一系统出现故障时，其他系统能够自动接管，保证车辆的安全运行。

1.1 底盘系统技术

1. 底盘机械架构

新能源汽车技术改变了汽车的动力来源,更促进了汽车整体结构的创新。在电动化的推动下,电池作为电动汽车的"心脏",其安全性与稳定性至关重要。电池底盘一体化等新技术的出现,不仅优化了汽车的空间布局,提高了电池能量密度,更在车辆安全性能方面取得了显著提升。通过一体化的设计,电池与底盘、车身紧密结合,增强了车辆整体结构的稳固性,有效降低了因电池问题引发的安全风险。常见的新能源汽车底盘机械架构如图 7-2 所示。

图 7-2 常见的新能源汽车底盘机械架构

电动化的推进也使得动力系统的配置更加灵活。不同于传统燃油汽车的固定动力配置,电动汽车的动力系统可以根据不同需求和场景进行定制。无论是追求高性能的跑车,还是注重续驶能力的家用轿车,都可以通过调整电池组、电机等部件的配置来实现动力系统定制。智能底盘的驱动形式也变得更加多样,电动化衍生出了多种不同的驱动形式。例如,分布式轮毂电机驱动、轮边电机驱动等新型驱动方式的出现,不仅提高了汽车的操控性能,也为车辆的智能化提供了更多可能。

2. 电子电气架构

汽车电子电气架构的演进过程如图 7-3 所示。在早期的汽车电子系统设计中,电子电气架构主要采用的是分布式结构,各系统相互独立,信息交互效率低下。这种架构虽然在一定程度上满足了车辆的基本功能需求,但随着汽车智能化、网联化的快速发展,其局限性逐渐显现。

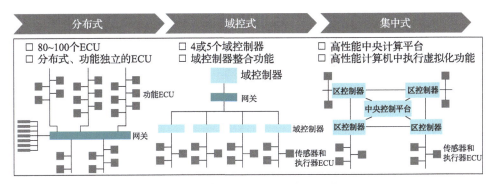

图 7-3 汽车电子电气架构的演进过程

随着技术的不断进步，电子电气架构开始向域控式、集中式演进。这一变革的核心在于将原本分散在各个系统中的电子电气元件进行集成和整合，形成若干个功能域，每个功能域由一个或多个控制器进行管理。这种域控式架构不仅提高了信息的传输效率，还使得各个系统之间能够更加紧密地协同工作。

在域控式架构的基础上，电子电气架构进一步向集中式发展。集中式架构将车辆的所有电子电气元件集中到一个或少数几个中央控制器中，通过高速总线实现信息的实时共享和交互，信息的处理更加高效。在智能底盘的应用中，集中式电子电气架构能够实现底盘系统的高效协同交互，提升了底盘的响应速度，从而大大提高了车辆的操控性和安全性。电子电气架构从分布式向域控式、集中式演进的变革历程，不仅改变了车辆内部的信息处理方式，还为底盘的智能化和功能拓展提供了有力支撑。在智能化方面，集中式的电子电气架构使得底盘系统能够接入更多的传感器和控制器，这使得底盘系统能够更好地适应各种复杂场景，提供更加智能的驾驶体验。在功能拓展方面，集中式架构的灵活性和可扩展性使得底盘系统能够轻松接入新的功能模块，如自动驾驶、车联网等，从而不断拓展车辆的功能边界。

3. 底盘综合安全

智能底盘综合安全涵盖功能安全、预期功能安全和信息安全等多个关键技术领域，这些技术共同为智能底盘的安全保驾护航。

功能安全是智能底盘综合安全的基础，主要关注的是底盘系统在正常操作和异常情况下的性能表现。通过严格的设计和测试流程，确保底盘系统在各种工况下都能稳定工作，防止因系统故障而引发的安全事故。这包括了对底盘各部件的耐久性测试、极端条件下的性能测试以及故障模式下的安全性能评估等。智能底盘功能安全开发流程和方案执行要点如图 7-4 所示。

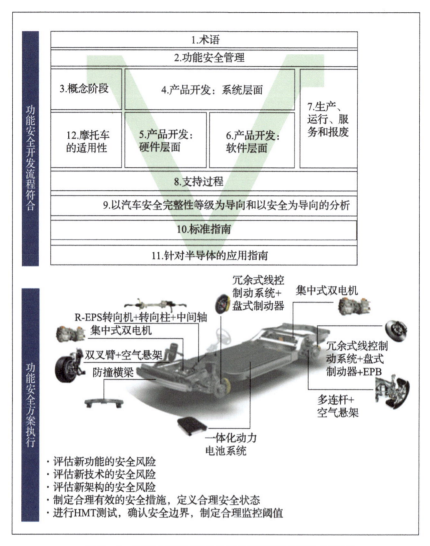

图7-4 智能底盘功能安全开发流程和方案执行要点

预期功能安全是智能底盘综合安全的进阶要求。随着汽车智能化程度的提高,底盘系统需要能够应对更多复杂和不确定的驾驶场景。预期功能安全就是要确保底盘系统在这些场景下能够按照预期工作,避免因系统误判或处理不当而引发安全事故。

信息安全也是智能底盘综合安全不可忽视的一环。随着汽车与互联网的深度融合,底盘系统面临着越来越多的网络安全威胁。信息安全技术就是要确保底盘系统免受黑客攻击、数据篡改等网络威胁的影响,保障车辆行驶的安全与稳定。这包括了对底盘系统的网络安全防护、数据加密传输以及对安全漏洞的及时发现和修复等措施。

1.2 底盘部件技术

1. 驱动系统

智能底盘多动力源布置的灵活性为车辆姿态控制提供了坚实的基础。传统的驱动系统往往受到动力源数量和位置的限制，难以实现复杂的车辆姿态调整。现代智能底盘车辆的驱动系统已经能够实现多动力源的灵活布置，这为车辆姿态控制带来了更多的可能性，如图7-5所示。电机的正负转矩特性是实现姿态控制的关键。通过精确控制每个电机的输出转矩，车辆可以在行驶过程中实现更加精准的姿态调整。例如，在加速或制动时，通过调整前后电机的转矩分配，可以有效控制车辆的纵向平顺性，提高乘坐舒适性；在转弯工况下，通过对左右电机的差动控制，可以实现对车辆侧倾的抑制，提升车辆的操控稳定性。

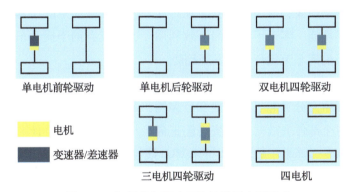

图7-5 智能底盘驱动系统的常见布置形式

底盘架构的多样性对应了不同的车型和场景。单电机前轮驱动架构简单可靠，适用于日常通勤等轻载场景。单电机后轮驱动架构则更注重驾驶乐趣，提供了更好的加速性能和操控感受。双电机四轮驱动架构结合了前后电机的优势，既保证了驾驶稳定性，又提供了充沛的动力输出。三电机四轮驱动和四电机四轮驱动架构则更加复杂，但它们能够实现更加精细的转矩分配和姿态控制，适用于高性能运动车型或特殊用途车辆。

2. 线控制动

线控制动系统作为现代汽车制动技术的一大飞跃，其技术变革与功能特性为汽车行业带来了前所未有的突破。线控制动系统通过先进的电子控制单元，实现了踏板感解耦，使得驾驶者的制动意图与制动执行机构之间不再直接关联。这种解耦设计不仅提高了制动系统的灵活性，还使得制动过程更加平顺，提升了驾驶者的操控体验。智能底盘线控制动系统的构成如图7-6所示。

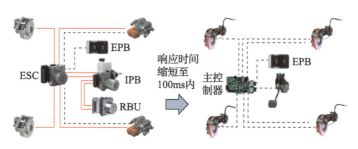

图7-6　智能底盘线控制动系统的构成

线控制动系统更快的制动响应特性在紧急制动等关键场景下尤为重要，能够有效缩短制动距离，提高行车安全性。此外，线控制动系统还具备可适配制动能量回收的功能，实现了能量的高效利用。这不仅有助于提升车辆的续驶能力，还符合当前汽车节能环保的发展趋势。

在技术特性方面，线控制动系统具备冗余扩展功能。这意味着该系统在设计和制造过程中充分考虑了安全性和可靠性，通过增加备份元件和冗余控制策略，确保在单个部件失效时，系统仍能正常运行。这种冗余设计大大提高了制动系统的可靠性，降低了故障发生的概率。线控制动系统还支持L3级及以上等级自动驾驶。随着智能驾驶技术的不断发展，对制动系统的要求也越来越高。线控制动系统能够与智能驾驶系统无缝对接，实现高度自动化的制动控制。

3. 线控转向

线控转向系统最为显著的技术变革是实现了转向系统的机械解耦，这一革新意味着方向盘与转向轮之间不再通过传统的机械连接进行力的传递，而是完全依赖于电子信号的控制。这种设计不仅使得转向系统控制更加灵活，也提高了功能可扩展性。线控转向系统精确的指令接收与反馈机制，使得车辆在转向过程中更加稳定，响应更加迅速。同时，路感模拟器作为线控转向系统的另一大亮点，能够模拟出真实的转向手感及路感，为驾驶者提供更加自然、真实的驾驶体验。智能底盘线控转向系统的构成及特点如图7-7所示。

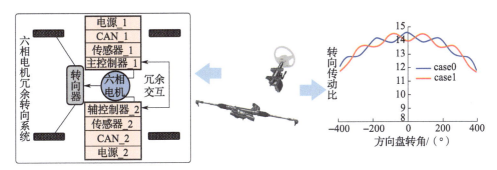

图7-7 智能底盘线控转向系统的构成及特点

线控转向系统的技术特性还体现在其可拓展的变传动比功能上。这一功能使得车辆在不同的行驶状态下,能够实现不同的转向传动比。在高速行驶时,系统能够自动调整传动比,使车辆更加稳定,提高行驶安全性;而在低速行驶或泊车时,系统则能够减小传动比,使车辆转向更加灵敏,便于驾驶员操作。此外,线控转向系统还具备支持智能驾驶的能力。在智能驾驶模式下,系统能够根据车辆的行驶状态、周围环境以及驾驶者的意图,自主调整转向策略,实现车辆的自动转向功能。

4. 主动悬架

在主动悬架系统领域,技术变革的浪潮正以前所未有的速度向前推进。这一系统通过搭载先进的电控减振器和空气弹簧等配置,不仅提升了车辆的操纵稳定性,更在舒适性上实现了显著的飞跃。电控减振器的应用,使得减振器阻尼能够根据路况和驾驶状态进行实时调整,从而有效过滤掉路面不平带来的振动,为乘客提供更加平稳舒适的乘坐体验。智能底盘主动悬架系统结构及应用效果如图7-8所示。

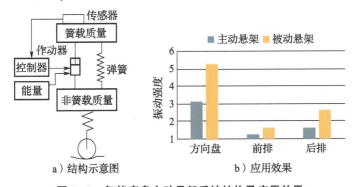

图7-8 智能底盘主动悬架系统结构及应用效果

主动悬架系统的高度主动智能控制功能通过集成先进的传感器和控制系统，能够实时感知车辆的状态和外部环境的变化，并根据这些信息自动调整减振器阻尼、弹簧刚度和车身高度。这种智能化的控制策略，使得主动悬架系统能够在不同驾驶场景下实现最佳的舒适性和操纵稳定性的平衡，无论是城市通勤、高速巡航还是越野探险，都能为驾驶者和乘客带来良好的驾乘体验。

1.3 底盘控制技术

如图7-9所示，在横、纵、垂融合控制方面，通过智能底盘的融合感知和线控化的底盘部件，实现车辆横向、纵向和垂向性能的统一目标分配和控制。这不仅是对车辆动力学性能的全面优化，更是对整车协调性和全局最优控制能力的显著提升。

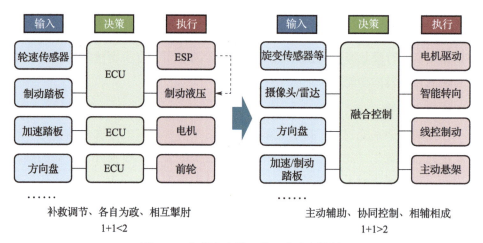

图7-9 智能底盘横、纵、垂融合控制

融合感知技术通过集成多种传感器和高级算法，使智能底盘能够实时获取车辆周围环境、道路状况以及自身状态信息。通过对这些信息进行精确处理和分析，融合感知系统为控制系统提供了全面而准确的车辆状态感知能力，结合基于模型和基于数据的状态估计，使得控制系统能够更准确地判断车辆的行驶状态和需求，从而实现更加精准的横、纵、垂融合控制。

线控化的底盘部件是实现横、纵、垂融合控制的关键硬件基础。横、纵、垂融合控制技术的特性在于实现多控制目标下的整车动力学协调和全局最优控制。在实际行驶过程中，车辆面临着多种复杂的控制需求，如稳定性控制、舒适性控制以及安全性控制等。横、纵、垂融合控制能够综合考虑这些控制目标，根据车辆状态和行驶环境进行智能调节。全局最优控制策略的应用使得车辆在满足多个控制目标的同时，实现整车性能的最优化。

在跨系统冗余控制方面，智能底盘域集成控制系统通过高度集成化的设计，能够在转向、制动和驱动等关键子系统部分或全部失效时，迅速启动跨系统协同冗余机制，确保底盘系统级性能的重构与稳定，如图7-10所示。

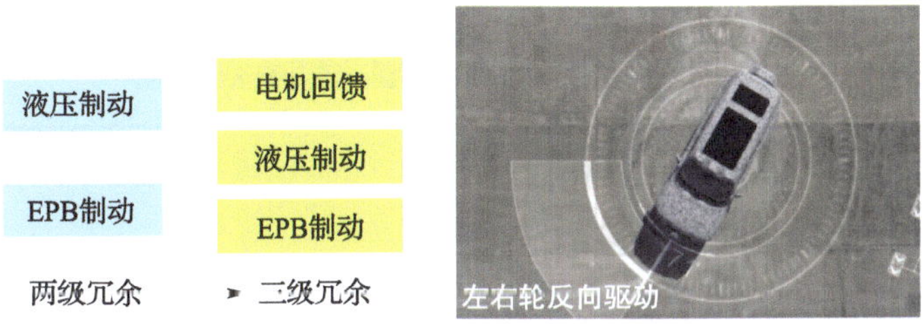

a) 制动-驱动冗余控制   b) 转向-驱动冗余控制

图7-10 智能底盘跨系统冗余控制

跨系统冗余控制技术的核心在于其协同能力。在智能底盘域集成控制系统中，各个子系统并非孤立存在，而是通过先进的通信和协调机制紧密相连。当某一子系统出现故障或失效时，系统能够迅速识别并启动相应的冗余控制策略，不仅保证了底盘系统在不同故障模式下的连续稳定运行，还大大提高了整车的安全性与可靠性。

跨系统冗余控制技术具有高度的灵活性和可扩展性。智能底盘域集成控制系统采用了模块化的设计思路，使得各个子系统可以根据需要进行灵活配置和扩展。这种设计不仅方便了系统的升级和维护，还使得跨系统冗余控制策略能够适用于不同车型和场景。同时，系统还具备自适应学习能力，能够根据车辆的实际运行情况和故障模式，不断优化和调整冗余控制策略，以达到最佳的冗余效果。

跨系统冗余控制技术还具有优异的性能重构能力。在底盘系统部分或全部失效时，通过跨系统协同冗余机制，系统能够迅速调整各个子系统的工作状态和参数，实现底盘系统级性能的重构。这种性能重构不仅保证了车辆在故障模式下的基本行驶能力，还能够在一定程度上恢复或提升车辆的性能表现。这使得智能底盘域集成控制系统在应对复杂多变的道路环境和驾驶需求时，能够展现出更加出色的适应性和稳定性。

2 乘用车智能底盘产品平台功能架构

如上文所述，乘用车智能底盘产品平台功能架构的两大核心支柱是横、纵、垂融合控制和跨系统冗余控制，如图 7-11 所示。这两者共同构建了一个高效、安全的底盘控制系统，为现代乘用车的行驶提供了强有力的保障。

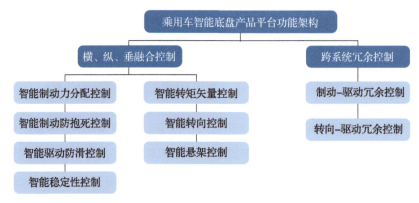

图 7-11 乘用车智能底盘产品平台功能架构

横、纵、垂融合控制涵盖了众多智能控制功能。智能制动力分配控制能够根据车辆行驶状态和路面条件，智能调整前后轮制动力分配，提升制动效能。智能制动防抱死控制则能有效防止车轮在紧急制动时抱死，确保车辆稳定性。智能驱动防滑控制则能在车辆起步或加速时，防止驱动轮打滑，提升加速性能。此外，智能稳定性控制、智能转矩矢量控制、智能转向控制以及智能悬架控制等功能共同协作，能确保车辆在各种复杂路况下都保持最佳的操控性和舒适性。

跨系统冗余控制主要包括制动-驱动冗余控制和转向-驱动冗余控制等。这些冗余控制机制的存在，能够使车辆在某一系统出现故障或失效时，迅速启动备用系统，保证车辆的正常行驶。这种跨系统的协同工作能力，不仅提升了整车的可靠性，也为驾驶者提供了更加安全可靠的驾驶体验。

2.1 横、纵、垂融合控制

1. 智能制动控制

（1）功能定义

智能制动力分配控制：通过智能地协调控制前后轴电机制动力和液压制动

力的分配，后轮不会优先前轮抱死而侧滑失控，提升车辆的稳定性；通过电机的协调回馈提升经济性。

智能制动防抱死控制：通过识别路面附着力及车轮抱死倾向，智能控制电机制动及液压制动，防止车轮抱死，提高车辆行驶极限。

（2）技术路径

研究电机控制与液压控制强一致性协调控制架构。

研究基于制动压力的整车状态估计和整车姿态控制技术。

研究高集成、高可靠的 EMB 系统控制技术。

研究 EMB 与驱动电机协同响应的高效制动控制技术。

（3）评价指标（面向典型 B 级纯电动轿车）

高附着力均一路面，智能制动力分配控制：

减速度波动量≤0.5m/s^2。

最大横摆角速度≤1.0（°）/s。

高附着力均一路面，智能制动防抱死控制：

附着系数利用率≥0.95。

减速度波动量≤1.5m/s^2。

2. 智能驱动防滑控制

（1）功能定义

基于电机感知快速识别打滑状态，在打滑时快速降低驱动系统转矩，防止车轮滑转及车辆侧滑，实现整车平稳快速起步，提高极限驱动防滑性能，提升低附着力时的动力性。

（2）技术路径

研究面向路面及场景感知的汽车自适应驱动防滑控制方法。

研究基于分布式驱动的驱动防滑与转矩定向分配协调控制。

研究基于最优滑转率识别的轮边电机驱动防滑控制。

研究面向驱制动融合的驱动防滑协同控制方法。

研究面向高阶智能驾驶的驱动容错控制方法。

（3）评价指标（面向典型 B 级纯电动轿车）

低附着力均一路面：首次打滑最大滑转轮速≤20km/h。

3. 智能稳定性控制

（1）功能定义

监测车辆的横摆角速度和质心侧偏角等状态参数，在车辆失稳工况下，发挥电机响应速度快和控制精度高的优势，通过对驱动、制动以及转向的协同主动控制，帮助车辆恢复到稳定状态。

（2）技术路径

研究底盘非线性响应特性，尤其是大侧向加速度工况下的系统动态特性，研究高精度控制方法。

研究底盘动力学与运动学协同机制，研究动力学稳定边界触发时的底盘域融合控制方法，实现车辆稳定性与轨迹跟踪的一体化控制。

研究基于动力学安全边界的底盘自主决策与二次运动规划方法。

研究驱制动一体化的稳定性控制策略。

探索支撑高级辅助驾驶的高精度纵侧向运动控制技术和具有高场景适应性的以舒适性、经济性、操控性为目标的横、纵、垂耦合协同控制技术。

（3）评价指标（面向典型 B 级纯电动轿车）

高附着力半载麋鹿试验稳定控制车速 ≥80km/h。

低附着力冰雪路面圆环（$R=100\text{m}$）试验最高稳定控制车速 ≥72km/h。

4. 智能转矩矢量控制

（1）功能定义

对智能底盘前后轴、左右轮驱制动力矩智能调节，对车身姿态进行控制，在接近附着力极限的工况下实现前后车轮、内外车轮对地面附着力的充分利用。

（2）技术路径

研究高转矩密度轻量化分布式驱动构型设计。

研究驱制动融合的整车纵侧向姿态耦合控制技术。

研究分布式驱动全线控底盘的一体化运动控制服务架构。

研究动力底盘一体化控制系统多传感信息深度融合的场景辨识和底盘关键参数状态估计方法。

研究以提升操控性和舒适性为目标的全场景自调节智能转矩分配技术。

（3）评价指标（面向典型 B 级纯电动轿车）

定圆转向方向盘转角降低 ≥15%。

高速横摆角速度增益降低≥5%。

5. 智能悬架控制

（1）功能定义

智能调节悬架刚度、阻尼、高度，根据道路情况智能调节车身姿态，提升车辆稳定性；同时实现悬架与驱制动的融合控制，降低车轮载荷波动，提高附着性能。

（2）技术路径

研究高响应频率、大区间阻尼可调减振器设计技术。

研究低迟滞、多级刚度、高可靠性空气弹簧设计技术。

研究多传感器融合的路面预瞄感知技术。

研究自适应动力学悬架姿态控制算法。

研究智能主动悬架系统测试与评价技术。

（3）评价指标（面向典型 B 级纯电动轿车）

90% 阻尼力响应时间平均值≤22ms。

悬架主动力响应最大超调量≤10%。

6. 智能转向控制

（1）功能定义

具备可变传动比特性，可感知车辆运动状态，智能调节转向和驱动力矩，在低速时减小转弯直径，改善机动性；在高速时降低横摆，抑制超调，增强稳定性。

（2）技术路径

研究六相电机的精准控制算法。

研究路感模拟、齿条力拟合、可变传动比等新型算法模型，提高转向性能体验及安全性。

研究极限工况下转向系统与稳定性控制系统的集成控制。

研究基于转向与四轮转矩协同的整车运动学和动力学控制方法。

（3）评价指标（面向典型 B 级纯电动轿车）

方向盘最大稳态转角误差 ≤1°。

转向系统响应时间延迟 ≤30ms。

2.2 跨系统冗余控制

1. 制动－驱动冗余控制

（1）功能定义

具有机械制动和电制动两套独立的制动系统，能够在其中一套功能失效的情况下切换到另一套制动控制系统保证制动功能的实现，通常包括默认制动控制系统和备份制动控制系统。

（2）技术路径

研究基于电机负转矩特性的多级冗余制动安全控制技术。

研究基于支持向量机回归算法的制动系统传感器故障诊断技术。

研究面向电子液压制动系统的防抱死冗余控制技术。

研究电控助力与稳定性控制系统协调失效补偿的控制技术。

（3）评价指标（面向典型 B 级纯电动轿车）

制动系统故障监控切换时间$\leq$100ms。

冗余制动可提供的减速度$\geq$0.64g。

2. 转向－驱动冗余控制

（1）功能定义

转向系统发生故障时，能及时检测到故障，并通过四轮转矩独立控制实现整车转向功能，避免发生事故。

（2）技术路径

研究转向系统机械解耦后的系统架构设计、功能安全监控系统架构设计、容错策略设计、容错控制。

研究基于双电机结构的线控转向系统冗余容错控制方法。

研究基于四轮独立转矩控制的整车转向功能控制方法。

研究转向系统与转矩矢量强耦合的协同动态控制方法。

研究面向多传感器故障的线控转向系统主动容错控制技术。

（3）评价指标（面向典型 B 级纯电动轿车）

故障容错时间间隔（FTTI）$\leq$20ms。

第 8 章
极限运动产品平台

目前，个性极致的驾驶体验成为我国越来越多汽车消费者的需求。随着经济的发展和生活水平的提高，消费者对于汽车的期待不再仅仅局限于代步工具，而是追求更加独特、更加个性化的驾驶体验。极限运动车型以其独特的设计理念、优秀的操控性能以及极致的驾驶感受，逐渐受到我国汽车企业的重视。

越来越多的汽车企业开始研发极限运动车型，以满足消费者对极致驾驶体验的渴望。极限运动车型不仅在设计上进行了特殊考量，注重细节和个性化的展现，更在性能上追求卓越，为驾驶者带来前所未有的驾驶乐趣。

在乘用车领域，极限运动车型在我国市场的兴起，既是消费者需求变化的体现，也是汽车企业不断创新和突破的结果。未来，随着技术的不断进步和消费者需求的不断升级，极限运动产品市场将会迎来更加广阔的发展空间和更加激烈的竞争态势。

为满足市场对极限运动性能的需求，本章定义了乘用车极限运动产品平台，探索该场景下智能底盘技术发展的趋势和方向。

1 产品平台定义

1.1 场景定义

运动风格车型需要打造极致的驾乘体验，提升极限工况的操控安全边界，拓展驾驶乐趣，增强专业赛道体验。在汽车电动化和智能化时代，这些技术需求对智能底盘提出了更高的性能要求。

在电动化的趋势下，智能底盘需要更加精准地控制车辆的动态行为，以适应电机快速而直接的动力输出。同时，智能化技术的应用也使得底盘系统能够实时感知和分析车辆状态、路面条件以及驾驶者的意图,从而做出快速而准确的响应,提升整车运动控制的精准性和稳定性。

为了拓展驾驶乐趣和增强专业赛道体验,智能底盘还需具备更高的适应性和可调性。基于先进的控制系统和算法,底盘可以根据不同驾驶模式和场景需求,自动调整悬架刚度、阻尼特性以及车身姿态等参数,为驾驶者提供更加精准和个性化的驾驶反馈。

1.2　车型级别

极限运动车型主要覆盖了轿车、SUV 和跑车三类。传统的运动型车型以燃油动力为主,随着电动汽车技术的不断发展和消费者对运动性能需求的提升,越来越多的运动型电动汽车出现在市场上。以下介绍一些常见的运动型电动汽车车型及其特点。

特斯拉 Model S Plaid 采用三电机全轮驱动系统,0—60mile/h(1mile = 1.609km)加速时间仅需 2.1s,采用了先进的底盘系统和矢量转矩控制,实现了主动式限滑差速器的效果。配合优化升级后的五连杆后悬架和主动式空气悬架,能够根据路况调节车身高度,无论是日常驾驶还是极限驾驶,都能为驾驶者带来稳定、安全和舒适的驾驶体验。

保时捷 Taycan 最大功率可达 580kW,0—60mile/h 加速时间仅需 2.8s。该车型采用先进的 4D 底盘控制系统和主动式悬载调整系统,使得车辆在高速行驶时能够保持稳定,同时配备了前后双电机四轮驱动系统,能够根据路况变化自动调整前后轴的动力分配。此外,Taycan 的转向系统也非常精准,能够提供清晰的路感和操控反馈。无论是在城市道路还是赛道上,Taycan 都能够提供卓越的操控性能和驾驶体验。

除此之外,我国新能源汽车企业也陆续推出了代表各自技术性能集大成者的极限运动车型。

比亚迪海豹采用电芯到车身集成(CTB)技术,通过将动力电池与车身结构相结合,显著提升了整车的刚性。这种结构的优化不仅有利于提高车辆的安全性,还能在一定程度上提升操纵稳定性;采用全铝材质的前后独立悬架设计,这种轻量化的设计有助于减少车辆的整体质量,从而提高车辆动态响应速度和极限操控时的稳定性;采用 iTAC 技术,可以在不同的路面条件下,如冰雪路面，提供更强的四轮驱动动力和更高的弯道极限，从而增强车辆的操控性能。

极氪 001 FR 搭载了功率高达 956kW 的四电机分布式电驱动系统，使得极氪 001 FR 在加速、极限速度和操控性能上达到了极致状态。在操控方面，该车型采用四轮转矩矢量控制系统（ZVC），使得车辆在平整路面上能够实现坦克掉头、脱困等操作，使驾驶者在极限驾驶和特殊驾驶模式下都能得到更好的操控性能。此外，极氪 001 FR 还具备一系列创新的智能功能，如弹射模式和超频模式，可以进一步提升驾驶者的驾驶体验。

1.3　性能需求

智能底盘极限运动产品平台的定义：智能底盘极限运动产品平台是指通过智能主动控制拓展车辆极限运动上限的底盘平台。其中，车辆极限运动一般指车辆在轮胎摩擦力接近或达到饱和状态下的一种运动形式。智能底盘极限运动产品平台的核心在于其能够实时监测和调整车辆的行驶状态，以确保在轮胎摩擦力接近或达到饱和状态下，车辆仍能保持稳定和可控。智能底盘极限运动产品平台不仅能够提高车辆在极端条件下的操控性能和稳定性，还能为驾驶者带来更加安全、舒适的驾驶体验。极限运动产品平台性能需求如图 8-1 所示。

图 8-1　极限运动产品平台性能需求

1. 提升操控安全边界

车辆的操控安全边界指在极限或接近极限状态下，车辆仍能保持稳定性与可控性的范围。具体来说，车辆的安全边界涉及多个方面。

1）车辆的设计参数（如轮胎的抓地力、悬架系统的行程等）会决定车辆性能的上限，超过这些物理限制可能会导致车辆失控。

2）在高速行驶、紧急避让或极端天气情况下，车辆的动态行为可能变得非线性且不可预测，此时，驾驶者的驾驶技能和反应速度成为维持车辆在安全边界内的关键。

3）各种电子辅助系统（如 ABS、ESP 等）在检测到车辆即将超出安全边界时会主动介入，调整发动机功率输出、制动力分配或悬架设置，以帮助驾驶者保持车辆的稳定性。

2. 拓展极限驾驶乐趣

采用先进的汽车底盘设计技术和高级的车辆动力学控制算法，可以将汽车的性能和操控范围推向超出常规平稳行驶状态的边界，让驾驶者享受极限操控带来的快感。

1）稳态线性区域：在正常的日常驾驶条件下的运行状态，车辆的动态行为相对可预测，车辆的响应与驾驶者输入成比例，例如转向角度与车轮反应之间存在线性关系。在这种区域内，车辆的操控较为稳定和安全，但可能缺乏激烈驾驶所带来的乐趣。

2）非稳态可控区：相对于稳态线性区域，非稳态可控区是指车辆在更加激烈的驾驶状态下的表现，如快速避让、紧急变线、极限加速或制动等。在这些情况下，车辆的动态行为变得非线性，可能会出现轮胎打滑、车身侧倾等现象，对驾驶者的驾驶技能和反应速度提出了更高的要求。

3）智能底盘控制系统：借助动态稳定控制、轨迹控制、性能可调悬架系统等，驾驶者可以在安全的前提下探索车辆的性能极限。智能底盘控制系统可以监测车辆的行为和外界环境，如车速、侧向加速度、轮胎压力等，并根据这些信息进行毫秒级的调整，以优化车辆的操控性和抓地力。

3. 增强专业赛道体验

某些高性能汽车或运动型车辆经过了专门的设计和优化，以提供接近或符合专业赛车水平的驾驶体验，这类车辆通常具有以下特点。

1）为了实现激进的加速响应，这些车辆通常配备高功率的混合动力或纯电动系统，以提供瞬时的大转矩输出和强劲的功率。

2）使用轻质材料（如碳纤维、铝合金等）制造车身和底盘，减轻车重，提高车辆的功率质量比，确保敏捷的操控和快速的响应。

3）通过精心设计的前后保险杠、侧裙、尾翼和其他空气动力学元件，降低空气阻力，提高下压力，确保车辆在高速行驶时的稳定性。

4）为了适应不同的赛道条件和个人偏好，这些车辆可能配备可调悬架（如可调节阻尼力、车身高度、悬架刚度等），允许驾驶者调整悬架设置以获得最佳的操控性能。

5）包括碳陶瓷制动盘和大型制动钳，提供出色的制动能力和耐热性，确保车辆在连续高速制动的情况下依然保持较好的制动效果，这对于激烈的赛道驾驶至关重要。

6）虽然许多专业赛车不使用电子辅助系统，但一些为赛道设计的高性能车辆可能会包含可调节的动态稳定性控制系统，允许驾驶者根据需要调整干预程度，以便在保持一定安全性的同时，让驾驶者享受控制车辆极限的乐趣。

2 架构特征

极限运动产品平台架构包括系统架构及功能架构，如图8-2所示，相对应的架构特征将于下文进行介绍。

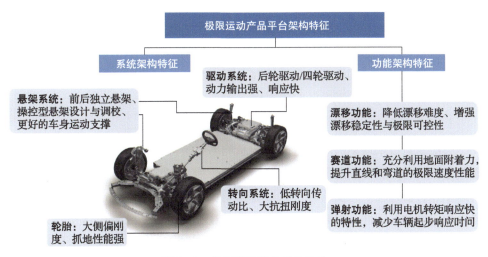

图8-2 极限运动产品平台架构

智能底盘极限运动产品平台的系统架构特征主要包括驱动系统、悬架系统、转向系统和轮胎的设计特征；极限运动产品的智能底盘功能架构特征主要包括漂移功能、赛道功能、弹射功能。

智能底盘极限运动产品平台的系统架构独具特色，驱动系统采用高功率的动力输出技术,确保在极限运动场景下能够提供强劲而稳定的动力;悬架系统经过特殊优化,以适应激烈驾驶带来的冲击,为驾驶者提供优秀的操纵稳定性;转向系统采用敏捷而精准的响应机制;轮胎采用耐磨、抗滑的材质,确保在各种路况下都能提供充分的抓地力。

在功能架构方面,极限运动产品的漂移功能让驾驶者能够轻松实现车辆的高速侧滑;赛道功能则针对赛道驾驶进行了优化,让驾驶者能够充分发挥车辆的性能;弹射功能则让车辆能在短时间内迅速加速,带来强烈的推背感。

2.1 系统架构特征

1. 驱动方面

智能底盘极限运动产品平台在驱动系统方面展现出了鲜明的特征,主要以后轮驱动和四轮驱动两种驱动形式为主,这种设计不仅确保了车辆在各种极限运动场景下的稳定性和操控性,同时也提供了充足的动力储备和驱动灵活性。

2. 转向方面

智能底盘极限运动产品平台的转向系统主要采用了以低转向传动比和大抗扭刚度为主的设计理念。低转向传动比使得转向更加灵活敏捷,驾驶者只需轻轻转动方向盘,就能实现车辆的快速转向,大幅提升了车辆的敏捷性和响应速度。而大抗扭刚度则确保了转向系统在承受大力矩时保持较低的转向系统的响应延迟,提升动态工况下的转向精准性。

3. 悬架方面

智能底盘极限运动产品平台的悬架系统主要特性体现在前后独立悬架、操控型悬架设计与调校以及强劲的车身运动支撑能力上。前后独立悬架的设计使得车辆在行驶过程中,前后轮可以独立运动,互不干扰,极大地提升了车辆的操纵稳定性和舒适性。同时,该悬架系统还具备主动可调的垂向特性,无论是在高速过弯还是在紧急制动等极限驾驶场景下,都能为车身提供坚实且稳定的支撑,确保驾驶的安全性和稳定性。

4. 轮胎方面

智能底盘极限运动产品平台的轮胎通常具备大侧偏刚度和充分的抓地力。大侧偏刚度意味着轮胎在受到侧向力作用时,能够保持稳定的形状和性能,有效抵抗侧滑和侧倾,为驾驶者提供出色的操纵稳定性。而优秀的抓地性则确保了轮胎在各种路况和驾驶场景下都能紧密贴合地面，提供强大的牵引力和制动力，让驾驶者能够充分感受到轮胎与地面之间的紧密联系，从而在车辆驾驶操控上更具信心。

2.2 功能架构特征

1. 漂移功能：降低漂移难度，增强漂移稳定性与极限可控性

1）通过优化车辆的动力系统，可以使车辆实现更加平滑和强大的动力输出。精确的加速踏板响应和线性的动力输出，使得驾驶者能够更加容易掌握车辆的速度和侧向力，从而降低漂移的难度。

2）通过精确的悬架调校和优化的底盘布局，使车辆可以在侧滑过程中提供更好的支撑和稳定性。这不仅可以减少车身侧倾和轮胎打滑的情况，还可以提高车辆在极限状态下的操控性能。驾驶者可以更有信心进行漂移操作，而不用担心车辆失控或侧翻。

3）牵引力控制系统和车身稳定控制系统等底盘主动安全控制系统可以通过对车辆的动态行为进行实时监测和调整，来提供额外的稳定性和安全性。当驾驶者进行漂移操作时，这些系统可以自动调整车辆的动力分配和悬架刚度，以保持车辆的稳定性和可控性。

2. 赛道功能：充分利用地面附着力，提升直线和弯道的极限速度性能

1）要充分利用地面附着力，车辆的轮胎是关键。高性能的轮胎能够提供更大的摩擦力，使车辆能够更好地抓住地面，减少打滑和滑移现象。在赛道上，轮胎的选择和调校至关重要，因为不同的赛道和气候条件对轮胎的要求不同。

2）车辆的悬架系统和底盘调校也是提升赛道性能的关键因素。经过精心设计的悬架系统能够提供出色的支撑和稳定性，减少车身的侧倾和振动，使车辆在高速行驶和激烈操控时保持平稳。而底盘调校则能够优化车辆的质量分布和空气动力学性能，进一步提升车辆的极限速度性能。

3. 弹射功能：利用电机转矩响应快的特性，减少车辆起步响应时间

1）电机几乎可以在瞬间产生最大转矩，这是因为电机的转矩输出直接与其电流和磁场强度相关，不需要经过机械转换过程。因此，电机具有非常快的转矩响应速度，能够在极短的时间内提供强大的动力。基于电机的这一特性，弹射功能得以实现。当驾驶者踩下加速踏板时，车辆的控制系统会立即检测到这一动作,并迅速向电机发送指令,使其产生最大的转矩输出。同时,车辆的起步控制系统会优化离合器或变速器的接合过程,以减少起步时的动力损失和延迟。这样,车辆可以在极短的时间内达到较高的速度,从而实现快速起步的效果。

2)弹射功能不仅提高了车辆的加速性能,还为驾驶者带来了更加激动人心的驾驶体验。当驾驶者按下弹射按钮或切换到相应的驾驶模式时,车辆会如同被弹射出去一般迅速加速,带来强烈的推背感。这种瞬间的加速快感能让驾驶者感受到车辆强大的动力性能,同时也增加了驾驶的乐趣。然而,需要注意的是,弹射功能并不适合在日常驾驶中频繁使用。因为高强度的起步加速会对车辆的轮胎、制动系统和传动系统造成较大的负荷,长期频繁使用可能会对车辆的性能和寿命产生不利影响。因此,弹射功能通常只在特定的驾驶模式或赛道模式下提供,驾驶者在合适的场合使用。

3 功能特征

3.1 漂移功能

1. 功能定义

通过主动调节驱动系统前后转矩分配和制动力矩,后轮进入稳定的饱和侧滑状态,前轮反向转向抑制质心侧偏角的增大,维持后轴稳定侧滑的平衡态,如图 8-3 所示。

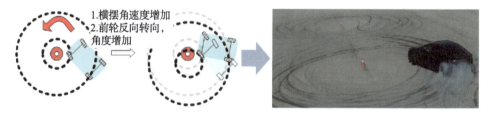

图 8-3 漂移功能

2. 技术路径

研究稳态漂移的动力学机理及非稳定平衡态控制器的设计。
研究基于驱动制动协同的漂移稳定性控制方法。

研究基于强化学习的漂移控制技术。
研究临界稳定性控制及自适应动态规划方法。
研究基于轮速动力学的漂移控制方法。

3. 评价指标

以当前汽车市场上的典型 B 级纯电动轿车为例：
干沥青路面定桩漂移工况后轮内外侧轮速差≤50km/h。
干沥青路面定桩漂移工况后轮平均滑转率≤80%。

3.2 赛道功能

1. 功能定义

基于整车运动状态，实时调节前后轴动力分配、四轮制动力矩、悬架高度和阻尼，使得车辆在直线和弯道均可充分利用四轮地面附着力，以保证极限情况下的整车加速性能和稳定过弯性能，如图 8-4 所示。

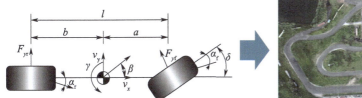

图 8-4 赛道功能

2. 技术路径

研究横、纵、垂三向的整车动力学机理。
研究极限运动工况下的转矩管理方法。
研究极限运动工况下的悬架姿态控制方法。
研究驱动制动协同的赛道稳定性控制方法。
研究极限与非极限混合工况下的运动控制算法。

3. 评价指标

以当前汽车市场上的典型 B 级纯电动轿车为例：
弯道最大 G 值提升 10%。
弯道最高通过车速提升 5%。

3.3 弹射功能

1. 功能定义

通过协调控制电机驱动转矩、机械制动与主动悬架，保证车辆最佳起步姿态，使驱动电机在起步瞬间爆发最大转矩，实现车辆快速与稳定起步，如图8-5所示。

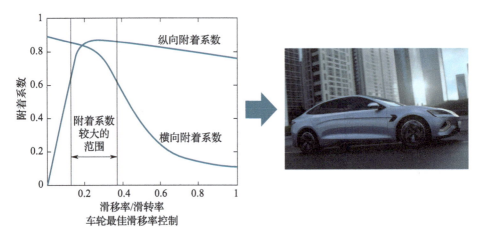

图8-5 弹射功能

2. 技术路径

研究电机低转速与大转矩堵转控制技术。

研究电机驱动、机械制动与主动悬架协调控制技术。

研究基于滤波加速度的道路坡度识别与转矩控制方法。

研究基于最佳滑转率的起步转矩控制方法。

3. 评价指标

以当前汽车市场上的典型B级纯电动轿车为例：0—100km/h 加速时间提升5%。

第 9 章
高端公务产品平台

随着国内外汽车技术的飞速发展，消费者对于汽车产品的驾乘体验提出了更高的要求。他们不仅关注车辆的动力性能和外观设计，更加注重驾驶的舒适度和乘坐的享受感。高端公务乘用车，作为汽车市场中的佼佼者，以其先进的装备技术、舒适的驾乘性能以及全面的安全保障，赢得了高端消费群体的青睐。这些车型采用了先进的动力系统和悬架系统，确保了优秀的驾驶体验和平稳的行驶感受。同时，内部空间的舒适性和人性化设计，也为乘客提供了极致的乘坐感受。此外，高端公务乘用车还配备了先进的安全系统，为乘客提供了全方位的安全保障。无论是商务出行还是政府接待，这些车型都能够展现出高品质和尊贵形象，成为高端消费群体追求高品质驾乘体验的理想选择。

为了满足这一日益增长的市场需求，本章将深入探讨高端公务产品平台的定义与发展。不仅关注此类车辆的基本配置和性能需求，也深入剖析其在高端公务场景下的独特应用与优势，还将聚焦于智能底盘技术在这一领域的发展趋势和方向。因此，对于高端公务产品平台而言，智能底盘技术将成为其提升竞争力、满足市场需求的重要途径。为满足市场对高端公务车型的性能需求，本章定义乘用车高端公务产品平台，探索该场景下智能底盘技术发展的趋势和方向。

1 产品平台定义

高端公务产品平台定义范围如图 9-1 所示。

图 9-1　高端公务产品平台定义范围

1.1　场景定义

智能底盘高端公务产品平台通过搭载先进的底盘系统和控制技术，实现智能化功能体验，打造极致舒适、极致安全的驾乘体验。

1）高端公务车型往往代表着政府或企业的形象，展示经济实力和社会地位，对外彰显出可靠的信誉和坚实的底蕴，对于商务接待、高级别会议等场合尤为重要。

2）高端公务车型通常拥有优秀的性能表现和舒适的驾乘体验，在长途旅行或繁忙的商务活动中，可以以更加舒适的方式完成接待任务，减少驾乘人员的疲劳和不适。

3）在某些特殊情况下，高端公务车型也具备更好的安全性能和应急能力，可以更好地应对突发情况，确保乘客的安全。

1.2　车型级别

高端公务乘用车的车型级别主要包括 C 级以上车型，车长≥5000mm，车宽≥1900mm，轴距≥3000mm，以中大型轿车、大型 SUV、MPV 为主。以下介绍一些常见的高端公务新能源汽车及其特点。

奔驰 EQS 采用了先进的空气悬架系统，能够根据车速和路况实时调整车身高度，在高速行驶时，车身会适当降低，减少风阻，提升稳定性；而在低速行驶或复杂路况下，车身则会相应抬高；配备了先进的转向辅助系统，能够根据车速和驾驶模式自动调整转向力度和回馈感，使得驾驶者能够感受到更加直接和精准的反馈；配备了丰富的智能驾驶辅助系统，如自适应巡航控制、车道保持辅助、盲点监测等。

红旗 E – HS9 作为一款高端电动 SUV，加速踏板调校线性使得驾驶者在日常驾驶中能够轻松掌控车辆；配备了多种动能回收力度级别，给驾驶者提供了更多的选择空间。空气悬架系统也是其操控性能的一大亮点，能够有效地过滤路面的细碎颠簸，配合柔软的座椅设计，即使是长时间的驾驶或乘坐，驾乘人员也能保持舒适的状态。

腾势 D9 底盘设计采用了高级的悬架系统，无论是面对沙石路面还是颠簸路面，都能有效吸收振动，确保车内乘客的舒适性；转向系统响应准确，使驾驶者在操控车辆时，能够感受到转向的精准和直接；搭载了高效的发动机和电机系统，无论是起步加速还是中途超车，都能提供充足的动力支持；配备了智能巡航系统、车道保持系统和自动泊车系统等，进一步提升了驾驶的安全性、便捷性和舒适性。

极氪 009 配备了高性能永磁同步电驱动系统，后电机采用碳化硅技术，最高效率达到了 98.5%，百公里加速时间仅需 4.5s；前悬架采用双叉臂虚拟双球头独立悬架，后悬架采用集成多连杆全铝独立悬架，标配了全自动空气悬架系统+连续阻尼控制（CCD）电磁减振系统，可根据乘员舱前后左右质量分布实现实时智能配平；在操纵稳定性方面，极氪 009 的侧倾梯度仅为 $4.64(°)/g$，最大横向 G 值达到 $0.84g$，这意味着在驾驶过程中的俯仰和侧倾控制都很优秀；具备智能四驱系统，能在 0.4s 内实现两轮驱动与四轮驱动的切换；支持 L2 级驾驶辅助功能以及多项高阶驾驶辅助功能，如 ACC 和车道居中控制（LCC）等。

1.3　性能需求

智能底盘高端公务产品平台的定义：高端公务产品平台通过搭载最先进的底盘装备，采用底盘系统技术、零部件技术、控制技术，实现高科技化的功能体验和极致舒适、极致安全的驾乘体验。

智能底盘高端公务产品平台搭载先进的底盘装备，采用一系列创新性的底盘系统技术、零部件技术以及控制技术，具体体现在以下几个方面。

1）在底盘系统技术方面，智能底盘高端公务产品平台采用了先进的悬架系统和减振技术。悬架系统经过精心设计和优化，能够有效吸收和分散路面不平带来的冲击，确保车辆在行驶过程中保持平稳。减振技术的运用进一步减少了车辆的振动和噪声，为乘客提供了更加安静和舒适的乘坐环境。

2）在零部件技术方面，智能底盘高端公务产品平台选用高品质和线控化的零部件，不仅具有出色的耐久性和可靠性，还能够提高底盘的整体可控性。例如，采用高强度钢材打造的底盘结构，能够有效提升车辆的抗冲击能力，确保在突发情况下乘客的安全；采用线控制动和线控转向的底盘执行系统，能够保证车辆运动控制的品质。

3）控制技术也是智能底盘高端公务产品平台实现高科技化功能体验的关键。通过先进的电子控制系统，车辆可以实时感知和响应路面状况、驾驶者意图以及乘客需求。例如，自适应巡航系统可以根据前车速度和路况自动调整车速和跟车距离，车道保持系统则能够识别车道线并自动调整车辆行驶轨迹。

1. 智能化功能

在高端公务车型的性能需求方面，高科技功能不仅提升了车辆的智能化水平，也增强了公务出行的便捷性、安全性和舒适性。代表性技术如下。

智能驾驶辅助系统：高端公务车型通常配备多种智能驾驶辅助系统，如自适应巡航、车道保持辅助、盲点监测等。这些系统能够实时监测车辆周围的环境，自动调整车速、保持车道，甚至在紧急情况下可以自动采取制动措施，大大提高了驾驶的安全性和便利性。

智能网联技术：高端公务车型往往具备先进的智能网联功能，包括车载互联网、手机映射、语音识别等。这些技术使得驾驶者和乘客能够随时保持与外界的联系，获取实时信息，甚至通过语音指令控制车辆的各种功能，提升了出行的便捷性和车辆的智能化水平。

高效动力系统：高端公务车型通常搭载高效的动力系统，包括先进的发动机、电机、变速器以及能量管理系统，能够确保车辆在提供充足动力的同时，实现低油耗和环保排放，既满足了公务出行的需求，又符合现代社会的环保理念。

智能辅助技术：车辆可配备预碰撞安全系统、行人识别与保护系统等，智能辅助技术能够在潜在危险发生前提前预警或自动采取干预措施，有效降低事故发生的概率。

2. 极致舒适性

从底盘技术的角度来看，高端公务车型在性能需求中追求的极致舒适性主要体现在以下几个方面。

先进的悬架系统：高端公务车型通常配备先进的悬架系统，这是实现极致舒适性的关键。悬架系统能够有效地吸收和分散路面不平带来的冲击和振动，保持车辆的稳定性和乘坐的平稳性。通过采用多连杆、空气悬架等高级悬架形式，以及精确调校的弹簧和减振器，高端公务车型能够在各种路况下提供出色的乘坐舒适性，减轻乘客的颠簸感。

智能底盘控制系统：为了进一步提升乘坐舒适性，高端公务车型可配备智能底盘控制系统。这种系统能够实时监测车辆状态、路面情况以及驾驶者的意图，并自动调整悬架系统的工作参数。通过调整悬架的刚度和阻尼，智能底盘控制系统可以适应不同的驾驶模式和路况，确保车辆在提供良好操控性的同时，也能保持出色的乘坐舒适性。

底盘隔声与降噪技术：底盘是车辆噪声的主要来源之一，采用高品质的隔声材料，对底盘进行有效的密封和隔声处理，可以降低底盘传递的噪声和振动。同时，通过优化底盘结构和零件设计，减少底盘部件之间的摩擦和振动，可以进一步减少噪声的产生。

3. 极致安全性

从底盘技术的角度来看，高端公务车型在性能需求中追求的极致安全性主要体现在以下几个方面。

先进的悬架与制动系统：采用先进的悬架系统，能够有效吸收和分散路面冲击，确保车辆在行驶过程中保持稳定，不仅提供了舒适的乘坐体验，也增强了车辆的安全性能。高效的制动系统采用先进的制动技术，能够保证车辆在较短时间内迅速减速，缩短制动距离，为驾驶者提供更多的反应时间，避免潜在的安全风险。

智能底盘控制与安全辅助系统：通过实时监测车辆状态、路况以及驾驶者的意图，能够自动调整底盘参数，确保车辆在各种情况下都保持最佳的行驶状态。同时，安全辅助系统，如自动紧急制动、车道偏离预警、盲点监测等，能够提前预警或自动采取干预措施，进一步增强了车辆的安全性。

底盘结构与防护设计：高端公务车型的底盘采用高强度材料和先进的制造

工艺，确保底盘具有足够的刚性和强度，在发生碰撞时能有效地保护乘员安全。此外，底盘还配备有防护设计，以抵御来自路面的潜在威胁。

从底盘安全技术和功能安全、预期功能安全、网络安全、数据安全以及被动安全等角度，高端公务车型在性能需求中追求的极致安全性主要体现在以下几个方面。

底盘基础安全技术：采用先进的悬架和制动技术，如电子控制悬架和主动制动系统，能够在不同路况下迅速响应，提供稳定的操控性能和制动效果，确保行车安全。

底盘稳定控制系统：车辆配备底盘稳定性控制系统，如 ESP，能够监测车辆动态并自动调整悬架和制动参数，以防止车辆侧滑和失控，提升行车稳定性。

功能安全：底盘系统具备故障检测与诊断功能，能够实时监测底盘各部件的工作状态，及时发现潜在故障并提醒驾驶者，确保车辆的安全运行。

失效安全设计：在底盘系统中，关键部件和功能采用失效安全设计，即使发生故障，也能保持一定的安全性能，减少事故风险。

预期功能安全：在设计和研发阶段，通过仿真测试和模拟分析，预测和评估底盘系统在各种条件下的性能表现，确保车辆在各种预期使用场景下都能保持安全性能。

网络安全：高端公务车型注重底盘系统的网络安全防护，采用加密通信、防火墙等技术手段，防止黑客攻击和恶意软件入侵，确保底盘系统的正常运行和数据安全。

数据安全：车辆底盘系统产生的数据，如传感器数据、控制指令等，采用加密存储和传输，防止数据泄露和滥用，保护乘客和车辆的隐私安全。

被动安全：高端公务车型的底盘结构经过优化和加固，采用高强度材料和先进制造工艺，具备较高的碰撞安全性能，在发生事故时能够减少乘员受到伤害的风险。

2　架构特征

高端公务产品平台架构包括系统架构及功能架构，如图 9-2 所示，相对应的架构特征将于下文进行介绍。

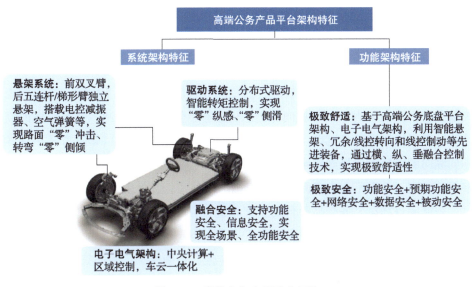

图 9-2 高端公务产品平台架构

智能底盘高端公务产品平台系统架构特征主要包括驱动系统、悬架系统、电子电气架构和融合安全的设计特征；高端公务产品的智能底盘功能架构特征主要包括极致舒适和极致安全。

智能底盘高端公务产品平台系统架构中的驱动系统、悬架系统、电子电气架构以及融合安全设计是其核心要素。驱动系统运用先进的动力技术，确保车辆在各类路况下都能提供稳定且高效的动力输出；悬架系统通过精密的减振设计和控制技术，实现了极致的乘坐舒适性，为乘客带来平稳而宁静的乘坐体验；电子电气架构实现底盘系统高效、可靠的通信与信息交互，提升了整车的性能和响应速度；融合安全设计综合考虑多种安全因素，为车辆提供全方位的安全保障。

在功能架构方面，极致舒适功能通过智能调节车辆参数，如座椅舒适度、车内温度等，为乘客打造了一个舒适且豪华的乘车环境；极致安全功能通过先进的安全技术和系统，如主动安全预警、紧急制动辅助等，为乘客提供了全方位的安全保护。

综上所述，高端公务产品的智能底盘系统架构和功能架构设计均体现了高度的智能化和人性化，为高端公务出行提供了更加安全、舒适且高效的解决方案。

2.1 系统架构特征

智能底盘高端公务产品平台的驱动系统具有单电机、双电机、三电机或四电机配置，具备智能转矩控制技术，完成驾驶性转矩滤波以及轴间、轮间转矩矢量分配，实现车辆"零"纵向冲击感、"零"侧滑稳定控制，提升车辆的驾驶性、牵引性和操纵稳定性。这意味着在车辆加速或减速时，驾驶者几乎感觉不到纵向的顿挫感，提升了乘坐的舒适性；而在转弯或紧急变道时，车辆则能够保持稳定，几乎不会出现侧滑现象，极大增强了行驶的安全性。

智能底盘高端公务产品平台的悬架系统以其卓越的设计和先进的技术脱颖而出。其主要特性体现在前双叉臂和后五连杆/梯形臂独立悬架的完美结合上，这种独特的配置不仅提升了车辆的操纵稳定性，还确保了行驶的舒适性。同时，该平台还搭载了电控减振器和空气弹簧等先进设备，通过智能调节减振力度和弹簧刚度，实现了路面"零"冲击和转弯"零"侧倾的出色效果。在行驶过程中，无论是遇到颠簸不平的路面还是进行高速转弯，车辆都能保持平稳的姿态，将驾驶者和乘客所受的横、纵、垂三个方向的冲击强度和车身侧倾幅度尽可能降低，从而大幅提升了乘坐的舒适性和安全性。

智能底盘高端公务产品平台的转向系统具备两大主要特性，即线控转向与机械解耦。线控转向技术是该平台的一大亮点，电控系统采用全冗余设计，具备单点失效可执行的能力，支持L2、L3等级别的自动驾驶功能，功能安全等级达到ASIL D级，具备安全性高、智能化程度高、响应快的技术特点。机械解耦作为另一项重要特性，确保了转向系统在突发情况下能够迅速脱离机械束缚，避免因机械故障导致的安全隐患，这种设计不仅增强了车辆的安全性能，也提升了转向系统的可靠性和耐久性。

智能底盘高端公务产品平台的电子电气架构具备三大主要特性，即中央计算、区域控制以及车云一体化。中央计算作为该架构的核心，通过高度集成的中央处理器，实现了车辆各项功能的集中管理和高效运算，提升了数据处理速度和准确性，为车辆提供了更强大的智能化能力。区域控制则通过分布式的控制模块，实现了对车辆各个区域的精准控制，使得车辆在不同场景下都能实现最优的性能表现。同时，车云一体化将车辆与云端服务器紧密相连，实现了车辆数据的实时上传和下载，以及远程控制和升级等功能，为公务出行提供了更加便捷和高效的服务。通过对整车电子电气架构进行部署方案、接口设计等方面的优化，充分发挥底盘系统的性能；通过构建高带宽、高可靠性的传输通路，支撑底盘系统的功能安全目标达成。

智能底盘高端公务产品平台的融合安全特性显著，它支持功能安全与信息安全两大核心要素，确保在各种场景下都能实现全功能的安全保障。在功能安全方面，该平台通过先进的传感器、控制器和执行器等硬件设备的协同工作，实现了对车辆行驶状态的实时监测和精准控制，有效避免了机械故障或操作失误导致的安全事故。同时，在信息安全方面，平台采用了先进的加密技术和安全防护措施，确保车辆通信和数据传输的安全可靠，防止了信息泄露和黑客攻击等风险。这种融合安全的设计理念，使得智能底盘高端公务产品平台能够在不同场景下，如高速行驶、复杂路况、紧急制动等场景，都能保持高度的安全性和稳定性，为公务出行提供更加安全可靠的保障。

2.2 功能架构特征

1. 极致舒适

基于高端公务产品平台架构的底盘系统，不仅具备出色的稳定性和耐久性，在机械素质上也保证了高端公务车型底盘性能的基础和下限。

先进的电子电气系统，通过软硬件高度集成、信息交互与数据管理，不仅提升了车辆的响应速度，还增强了系统的稳定性和可靠性。

智能悬架系统能够实时监测路况和车辆状态，自动调整悬架参数，以消除颠簸和振动，保障乘客的乘坐舒适性。冗余/线控转向和线控制动系统则通过精确的控制算法和快速的响应机制，实现了对车辆行驶轨迹和制动性能的精准控制。

通过横、纵、垂融合控制技术，高端公务产品平台将底盘、电子电气架构和先进装备进行有机整合，实现了对车辆舒适性的全方位优化，根据乘客的需求和喜好进行个性化设置，根据不同路况和驾驶模式进行智能调整，确保乘客在任何情况下都能享受到极致的舒适体验。

2. 极致安全

功能安全是极致安全追求的首要目标。高端公务车型的安全系统必须覆盖车辆运行的每一个环节，包括但不限于主动安全系统、被动安全系统以及辅助驾驶系统等。每一个安全功能都要经过严格的设计和测试，确保其在实际使用中能够稳定、可靠地发挥作用。

在预期功能安全方面，不仅要确保安全系统在正常情况下的功能完备性，还要考虑到可能出现的异常情况，并对这些情况进行充分的分析和测试。通过采用先进的算法和预测模型，能够预测并防止潜在的安全风险，确保车辆在任何预期的使用场景下都能保持卓越的安全性能。

高端公务车型必须配备先进的网络安全防护系统，以有效抵御来自外部的网络攻击和恶意入侵。通过采用加密技术、防火墙等手段，确保车辆数据的安全传输和存储，防止敏感信息的泄露和滥用。

车辆在运行过程中会产生大量数据，这些数据不仅涉及乘客的隐私，还直接关系到车辆的安全性能。因此，需要建立完善的数据安全管理制度，对车辆数据进行严格的保护和管理。通过采用数据脱敏、匿名化等技术手段，确保数据的安全性和隐私性，避免数据泄露和滥用带来的潜在风险。

被动安全也是实现极致安全性能不可或缺的一部分。高端公务车型必须采用高强度车身结构、先进的碰撞吸能技术等，以在发生事故时最大限度地减轻对乘客的伤害。此外，车辆还应配备完善的安全气囊、安全带等被动安全装置，确保在突发情况下能够为乘客提供有效的保护。

3 功能特征

3.1 极致舒适特征

1. 功能定义

基于智能底盘高端公务产品平台架构、电子电气架构，利用智能悬架、冗余/线控转向和线控制动等先进装备，通过横、纵、垂融合控制技术，实现极致舒适性，如图 9-3 所示。

2. 技术路径

研究底盘平台架构集成技术、底盘硬点及性能优化技术。

研究新型电子电气架构下智能底盘系统部署方案及标准化软件接口技术。

研究半主动悬架智能阻尼控制技术，多腔空气弹簧高度、刚度控制技术，全主动悬架四象限主动力控制技术。

研究冗余转向控制与匹配技术，实现高安全等级冗余转向系统；研究线控转向系统控制策略，提升转向控制的响应速度和精度。

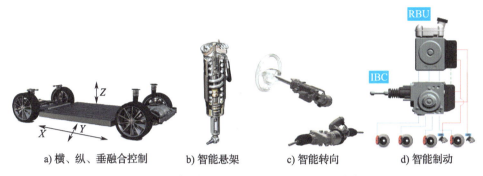

a) 横、纵、垂融合控制　　b) 智能悬架　　c) 智能转向　　d) 智能制动

图9-3　基于智能底盘实现极致舒适控制功能

研究冗余制动控制与匹配技术，实现高安全等级冗余线控动系统；研究电机、电磁阀控制技术，提升线控动控制的响应速度和精度。

研究横、纵、垂向动力学控制技术。

3．评价指标

（1）横、纵、垂融合控制

座椅加速度均方根≤0.2m/s^2。

最大侧向加速度提升＞5%。

纵向加速度跟踪误差＜0.1g。

（2）智能悬架

主动力值≥2500N。

响应带宽≥20Hz。

最大最小阻尼力调节比＞4。

最大最小刚度调节比＞1.6。

（3）智能转向

路感模拟器力矩波动≤0.2N·m。

转角响应时间≤30ms。

转角控制精度≤0.5°。

主-从系统切换时间≤20ms。

（4）智能制动

1g减速度主系统响应时间≤180ms。

冗余系统减速度响应范围≥0.64g。

主-冗系统切换时间≤100ms。

3.2 极致安全特征

1. 功能定义

基于高端公务产品平台底盘融合安全技术，秉持"全链、可探测、可控制"的安全研发理念，打造全功能、全场景、动态防控的车辆融合安全（功能安全+预期功能安全+网络安全+数据安全+被动安全）技术平台。利用底盘各子系统冗余容错技术，结合底盘跨系统冗余控制技术，实现极致安全性，如图9-4所示。

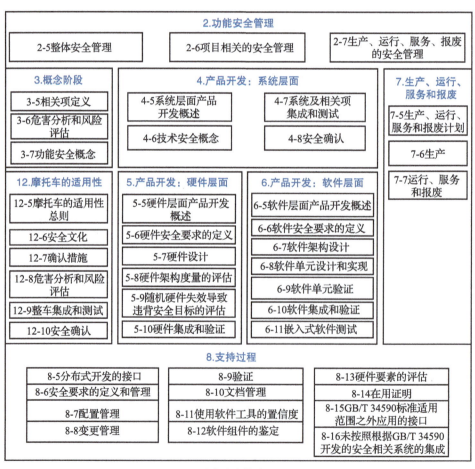

a）功能安全体系

图9-4 基于智能底盘实现极致安全控制功能

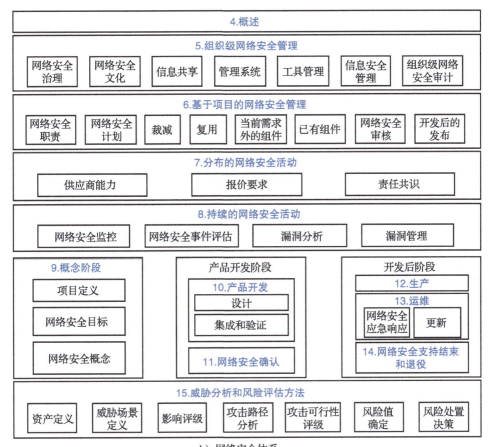

b) 网络安全体系

图 9-4 基于智能底盘实现极致安全控制功能（续）

2. 技术路径

以典型 C 级纯电动轿车为例，极致安全的技术路径如下。

研究将安全等级目标分解至线控转向、线控制动、智能悬架等系统的控制技术中。

研究底盘跨系统冗余、多重安全冗余技术，以及单一系统失效的安全性。

研究全功能、全场景、全周期的车辆功能安全和预期功能安全技术。

研究全周期、动态防控的车辆网络安全和数据安全技术。

聚焦结构耐撞、乘员保护、行人保护三大技术领域，研究乘员远端保护、被动安全融合等技术。

3. 评价指标

以典型 C 级纯电动轿车为例，极致安全的评价指标如下。

满足功能安全 2.0 的要求。

全链路：整车级功能安全设计

可探测：整车系统组件失效模式探测技术应用。

可控制：功能失效后仍人为可控的安全设计应用。

预期功能安全：采用四维安全设计和车端监控。

信息安全：满足 GB 44495—2024《汽车整车信息安全技术要求》的外部连接安全、通信安全、软件升级安全、数据安全等要求。

被动安全：Euro NCAP 2024 版五星，C-IASI 2024 版优秀。

第10章
城市运行产品平台

城市运行产品平台要求产品必须经济节能、安全可靠。其原因，一方面是应对能源资源有限性的挑战，推动汽车产业的绿色可持续发展；另一方面则是出于对公民生命财产安全的保护，确保每一辆在城市中穿梭的乘用车都能提供坚实的安全保障。经济节能的特性，不仅能帮助用户节省能源成本，还能减少尾气排放，为城市环保做出贡献。而安全可靠的性能，则是保障公民出行安全、维护城市交通秩序的关键。

为了实现这些要求，城市运行产品平台引入了一系列先进的技术手段。全场景高效能量管理技术的运用，能够根据不同场景下的行驶需求智能调节车辆能量管理策略，实现能量的高效利用；轻量化集成化设计能够在降低车辆自重的同时，保持甚至提升原有的性能表现。这不仅提高了车辆的运行效率，还进一步提升了产品的经济性和环保性。通过与现代通信等技术的深度融合，乘用车能够实现与道路、其他车辆的实时信息交互和协同控制，这不仅提升了车辆的安全性和便利性，也为未来智能交通系统的构建奠定了基础。

由此可见，城市运行产品平台及其各种技术的引入和应用，不仅是对现代城市出行需求的积极响应，也是汽车行业技术创新和转型升级的重要体现。它们为城市带来了更加经济、安全、舒适和便利的出行方式，也为城市的可持续发展注入了新的动力。为满足市场对城市运行车型的性能需求，本章定义了乘用车城市运行产品平台，探索该场景下智能底盘技术发展的趋势和方向。

1 产品平台定义

城市运行产品平台定义范围如图10-1所示。

场景定义	性能需求
・用途：上班族日常通勤、城际出行、网约车/出租车 ・场景：以城市通勤为主，上下班拥堵路况，低速行驶 ・场景特点：路况复杂、交通流量大、频繁启停 ・需求：高性价比、低使用成本、便捷、舒适	・经济节能 ・驾乘舒适 ・使用便捷

经济

舒适

便捷

图 10-1　城市运行产品平台定义范围

1.1　场景定义

乘用车城市运行产品平台的使用人群广泛，涵盖了上班族、出租车驾驶员和网约车驾驶员等多类群体。这些用户在日常生活中都需要频繁地在城市内移动，对于乘用车的性能和功能有着特殊的需求，需要在高峰时段穿越拥堵的城市街道，抵达公司或返回家中，因此，对于车辆的经济性、安全性和舒适性都有很高的期待。

乘用车城市运行产品平台的使用场景主要集中在城市通勤方面。在上下班高峰时段，拥堵的路况和低速行驶工况是城市通勤的典型特点。这些场景对于乘用车的要求极高，需要车辆能够在复杂的交通环境中稳定行驶，同时保持低能耗和高效能。此外，城市通勤还常常伴随着频繁的启停操作，这就要求车辆具备出色的动力响应和制动性能，以确保乘客的舒适性和安全性。

乘用车城市运行产品平台的场景特点主要体现在路况复杂、交通流量大和启停频繁等方面。城市中的道路网络错综复杂，车辆需要频繁变换车道和穿越路口，这就要求车辆具备灵活的操控性和稳定的行驶性能。同时，城市中的交通流量巨大，车辆之间的间距较小，容易发生刮擦和碰撞等事故。因此，乘用车城市运行产品平台需要配备先进的安全系统，以预防潜在的安全风险。此外，频繁的启停操作也是城市通勤中不可避免的现象，平台需要优化车辆的能量管理系统，以减少启停过程中的能耗和排放。

1.2 车型级别

城市运行乘用车的车型级别主要包括 A 级、B 级、C 级、D 级等，定位和价格区间多样，配置较多，覆盖范围较广。以下介绍一些常见的城市运行新能源汽车及其特点。

特斯拉 Model 3 的底盘技术和悬架系统能够确保车辆在应对城市中的复杂路况时，如急转弯、紧急变道等，具有出色的稳定性和灵活性。搭载先进的电力驱动系统，实现了顺滑的加速性能。其动力输出线性精确，驾驶者和乘客都能感受到接近燃油汽车的平顺体验。同时，Model 3 还提供了单电机后轮驱动和双电机四轮驱动两种版本，满足不同驾驶者的需求。Model 3 配备了全面的主/被动安全功能，如碰撞预警和车道偏离预警，这些功能在提升车辆安全性的同时，也减轻了驾驶者的疲劳感。而其辅助驾驶系统则能在一定程度上辅助人工驾驶，使驾驶者在长途驾驶或拥堵路况中更加轻松。Model 3 采用了先进的电池技术和能量管理系统，实现了高能量利用效率和长续驶里程。同时，特斯拉还在 Model 3 上加入了多项创新技术，如全景天窗、环绕式氛围灯等，不仅提升了视野的通透感和车内的科技感，也为驾驶者带来了更加舒适和愉悦的驾驶环境。

日产聆风的车身设计考虑了空气动力学原理，降低了风噪和风阻，使驾驶更为安静。同时，车辆的悬架系统经过精心调校，能够应对各种路况，确保行驶的平稳性。此外，日产聆风还配备了多种驾驶辅助系统，如前方碰撞辅助制动系统和 e-Pedal 加速制动二合一模式踏板，这些系统能够进一步提升驾驶的舒适性和安全性。聆风搭载了高效的电机和先进的电池管理系统，能够最大限度地提高能量利用率，降低能耗。此外，车辆还采用了多种节能技术，如发光二极管（LED）智能感光开关前照灯和节能轮胎等。配备了 ProPILOT 半自动驾驶技术，能够实现车辆在单车道上的自动驾驶，包括自动加速、制动、转向和换档等。车辆配备的 e-Pedal 电子单踏板系统，使驾驶者可以通过一个踏板实现加速、减速和停车操作，简化了驾驶操作。这些智能驾驶技术不仅提升了驾驶的便捷性，也提高了行驶的安全性。

比亚迪秦 PLUS DM-i 的底盘经过精心调校，既保证了驾驶的稳定性，又提供了良好的操控性能。在行驶过程中，无论是城市道路还是高速公路，秦 PLUS DM-i 都能提供平稳且舒适的驾驶体验。同时，车辆内部的座椅设计也充分考虑了人体工学，提供了良好的支撑性和舒适性，进一步提升了乘坐体验。秦 PLUS

DM-i 采用了先进的 DM-i 超级混合动力技术，以电驱动为主，实现了出色的低油耗。该车型通过大功率高效电机进行驱动，汽油发动机则主要在高效转速区发电，适时直驱，从而大幅降低了油耗。此外，秦 PLUS DM-i 还搭载了大容量动力电池，可以在纯电动模式下实现长距离行驶，进一步提升了能量利用效率。该车型配备了多种智能驾驶辅助系统，如自适应巡航、车道偏离预警、盲点监测等，这些系统能够提升驾驶的安全性，减少事故的发生。同时，秦 PLUS DM-i 还具备 L2 级别的自动驾驶功能，能够在特定情况下实现自动驾驶，为驾驶者带来更加便捷和轻松的驾驶体验。

吉利银河 E8 采用了高性能悬架系统，前麦弗逊后多连杆的结构不仅提供了优秀的操纵稳定性，更在滤振性能上做出了精细的调整，使得行驶过程中路面的颠簸被大大削弱，为乘客带来较好的乘坐体验。同时，车辆的座椅设计也充分考虑了人体工学，采用了高级材质和贴合人体曲线的造型，即便长时间驾驶或乘坐也不会感到疲劳。此外，银河 E8 还应用了噪声、振动、声振粗糙度（NVH）优化技术，确保车内环境的静谧性，让乘客在行驶过程中能够享受到宁静舒适的乘坐环境。该车型搭载了高效的电机和动力电池，通过精细的能量管理策略，实现了长续驶里程和低能耗的优秀表现。车辆的能量回收系统也非常出色，能够在制动和滑行过程中有效地回收能量，提高能量的利用效率。此外，银河 E8 还支持快速充电技术，大幅缩短了充电时间，提高了使用的便捷性。银河 E8 配备了多种先进的智能驾驶辅助系统，如自适应巡航、车道保持、自动泊车等，这些系统能够大大减轻驾驶者的负担，提高驾驶的安全性。同时，银河 E8 还搭载了高精度的感知设备，如激光雷达、毫米波雷达和高清摄像头等，能够实时感知车辆周围的环境和交通状况，为智能驾驶提供强大的数据支持。此外，更值得一提的是，吉利银河 E8 还具备 L3 级别的自动驾驶能力，在特定的道路和交通条件下，车辆可以自动完成大部分驾驶任务，如自动变道、自动超车等，让驾驶变得更加轻松和智能。在自动驾驶模式下，车辆依然会实时监控路况，一旦遇到无法处理的情况，系统会立即提醒驾驶者接管控制，确保行车安全。

1.3 性能需求

智能底盘城市运行产品平台的定义：城市运行产品平台要求产品经济节能、安全可靠，通过全场景高效能量管理技术、轻量化集成化设计、智能网联技术等，实现经济性、舒适性及便利性的提升。

乘用车城市运行产品的性能需求是多元化的，其中，经济节能、驾乘舒适以及使用便捷这三方面尤为关键。

首先，经济节能是城市乘用车不可忽视的性能需求。随着公众环保意识的日益增强和能源资源的日益紧张，经济节能成为消费者选择乘用车的重要考量因素。城市乘用车需要具备较高的燃油经济性，以降低运行成本，减少能源消耗。同时，车辆还应具备先进的能量回收技术，能够在制动和滑行过程中有效回收能量，进一步提高能源利用效率。这样不仅有助于降低用户的使用成本，还有助于减少对环境的影响，实现可持续发展。

其次，驾乘舒适是城市乘用车必须满足的性能需求。在城市中，乘用车往往要面对复杂的路况和长时间的行驶，因此，驾乘舒适性显得尤为重要。车辆需要配备舒适的座椅和合理的空间布局，为乘客提供良好的乘坐环境。同时，悬架系统和减振技术也需要精心设计和调校，以应对不同路况带来的颠簸和振动，确保乘客在行驶过程中能够享受到平稳舒适的乘坐体验。

最后，使用便捷是城市乘用车性能需求中不可或缺的一环。城市中的交通状况复杂多变，因此，乘用车需要具备高效的驾驶辅助系统和智能互联功能，以提高驾驶的便捷性和安全性。例如，智能驾驶辅助系统可以帮助驾驶者更好地应对交通拥堵和复杂路况，减少驾驶压力；智能互联功能则可以实现车辆与手机、智能家居等设备的无缝连接，为驾驶者提供更为便捷的用车体验。此外，车辆的起动、停车、充电等操作也应尽可能简化，方便用户快速上手和使用。

2 架构特征

城市运行产品平台架构包括系统架构及功能架构，如图 10-2 所示，相对应的架构特征将丁下文进行介绍。

智能底盘城市运行产品平台的系统架构特征主要包括驱动系统、制动系统、悬架系统和轮胎的设计特征；智能底盘城市运行产品平台的功能架构特征主要包括智能能量管理功能、智能舒适行驶功能、智能辅助驾驶功能。

智能底盘城市运行产品平台的系统架构具有独特的设计特征，其中，驱动系统、制动系统、悬架系统和轮胎的设计特点尤为显著。驱动系统采用先进的动力技术，确保产品在各种路况下都能提供稳定且高效的动力输出。制动系统则通过智能控制策略,实现了快速且平稳的制动效果,保障行驶安全。悬架系统则注重乘坐舒适性和操纵稳定性,通过优化减振性能,为乘客带来平稳的乘坐体验。而轮胎设计则充分考虑了耐磨性和抓地力,确保在各种天气和路况下都能提供稳定的行驶性能。

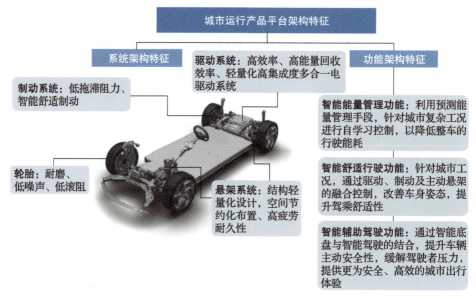

图 10-2 城市运行产品平台架构

同时,智能底盘城市运行产品平台的功能架构也展现出了丰富的智能化特性。智能能量管理功能通过精准控制能量的消耗和回收,实现能源的高效利用,延长续驶里程。智能舒适行驶功能则通过智能调节车辆运动特性参数等方式,为乘客打造舒适平稳的乘车感受。智能辅助驾驶功能利用先进的传感器和算法,实现自动驾驶、自动泊车等高级功能,提高了车辆驾驶的便捷性和安全性。

2.1 系统架构特征

智能底盘城市运行产品平台的制动系统,以其独特的低拖滞阻力和智能舒适的制动特性,为城市运行提供了高效且舒适的制动解决方案。低拖滞阻力设计使得制动系统在非制动状态下能够减少摩擦、降低能耗、提高行驶效率。这种设计不仅减少了车辆在城市运行中的阻力,还有助于延长制动系统的使用寿命。同时,智能舒适制动技术则通过先进的传感器和算法,实时监测车辆的行驶状态，根据驾驶员的意图和车辆状态智能调节制动力度，确保制动过程平稳、舒适，避免了传统制动系统可能带来的顿挫感和不适感。这种制动系统的主要特性，使得智能底盘城市运行产品平台在繁忙的城市交通中，能够提供更加安全、高效且舒适的制动体验。

智能底盘城市运行产品平台的驱动系统普遍采用高度集成化的设计，将电机、控制器、减速器等关键部件集于一体，实现了结构紧凑、体积小巧的特点，为城市运行车型提供了更加灵活的驱动方案。同时，该驱动系统稳定高效，具备出色的动力性能和响应速度，能够迅速响应驾驶员的指令，实现平滑的加速和减速，为城市驾驶提供了更加稳定、安全的驾驶体验。此外，该驱动系统还具备高能量回收效率，能够将制动过程中产生的能量有效回收并转化为电能储存，提高了能源利用效率。轻量化设计则进一步提升了驱动系统的效能，减轻了车辆的整体质量，降低了能耗和排放，符合城市运行车型对于环保和节能的要求。

智能底盘城市运行产品平台的悬架系统一般采用结构轻量化设计，通过优化材料和制造工艺，大幅降低整体质量，提高了车辆的能量利用经济性和行驶性能。同时，空间节约化布置使得悬架系统更加紧凑，有效利用了车辆底部的空间，为其他关键部件提供了更多的安装空间。此外，高疲劳耐久性也是该悬架系统的重要特点，悬架系统能够承受长时间的运行和复杂的路况挑战，保证了车辆在城市运行中的稳定性和安全性。

智能底盘城市运行产品平台的轮胎设计主要特性体现在耐磨、低噪声以及低滚阻三大方面。首先，轮胎采用了高耐磨性材料和先进的制造工艺，使得轮胎在长时间、高频率的城市运行中，依然能够保持优异的耐磨性能，延长了使用寿命，降低了更换频率，为用户节省了维护成本。其次，轮胎在设计上注重降低噪声，采用了静音花纹和降噪材料，有效减少了轮胎与地面摩擦产生的噪声，使城市运行车型具备了更为安静的车内环境。最后，轮胎采用优化的结构和材料，降低了滚动时的阻力，提高了车辆的行驶效率，减少了能源消耗，符合城市运行车型对于节能环保的要求。

2.2 功能架构特征

1. 智能能量管理功能

智能能量管理功能即采用先进的预测能量管理手段，针对城市复杂多变的工况进行自学习控制，旨在降低整车的行驶能耗，从而实现车辆更加经济高效的运行。

在实际应用中，智能能量管理功能会根据车辆的行驶数据、路况信息以及驾驶员的驾驶习惯等因素，进行实时的能量预测和调度。通过对这些数据进行深入分析和处理，车辆能够预测未来一段时间内的能量需求和供应情况，并据此优化发动机和电机的工作状态，以达到最佳的能耗表现。

此外，智能能量管理功能还具备自学习控制的能力。它会不断学习和适应城市复杂工况的特点，自动调整能量管理策略，以应对各种突发情况和变化。这种自适应的能力使得车辆能够在不同的路况和驾驶条件下，都保持较低的能耗水平。

2. 智能舒适行驶功能

智能舒适行驶功能即针对城市复杂多变的工况，通过对驱动、制动及主动悬架的深度融合控制，实现了对车身姿态的精准调整，从而显著提升了驾乘舒适性。

在实际应用中，智能舒适行驶功能会根据车辆的行驶状态、路况信息以及乘客的乘坐需求，智能地调整驱动和制动系统的工作状态。通过精确控制车轮的转矩输出和制动力分配，该功能能够有效抑制车身的振动和晃动，保持车身姿态的稳定性。

同时，主动悬架系统也发挥了关键作用。它能够根据路况和车速的变化，自动调节悬架的刚度和阻尼，以提供最佳的悬架性能。无论是面对颠簸不平的路面还是急转弯等复杂工况，主动悬架都能迅速响应并做出相应的调整，确保乘客在车辆行驶过程中享受到平稳舒适的乘坐体验。

3. 智能辅助驾驶功能

智能辅助驾驶功能即将智能底盘技术与智能驾驶系统相结合，旨在提升车辆的主动安全性，有效缓解驾驶者的压力，为城市出行带来更为安全、高效的新体验。

在实际应用中，智能辅助驾驶功能通过高精度的传感器和先进的算法，实时感知周围环境的变化，并快速做出反应。智能辅助驾驶功能不仅能够自主控制车辆的加速、制动和转向，还能根据路况和交通信号的变化，智能调整行驶策略，确保车辆在复杂多变的城市环境中始终保持安全、稳定的行驶状态。

同时，智能底盘的应用也为智能辅助驾驶功能提供了强有力的支撑。智能底盘能够根据车辆的行驶状态和路况信息，自动调整底盘悬架系统的刚性和阻尼，确保车辆在不同路况下都保持稳定的操控性能。这不仅提高了车辆的行驶安全性，也为驾驶者带来了更加舒适、平稳的驾驶感受。

智能辅助驾驶功能的应用，使驾驶者在城市出行中能够享受到更加轻松、便捷的驾驶体验。他们不再需要时刻关注路况变化和交通信号，也不再需要频繁地操作车辆的加速、制动和转向，而是可以将更多的注意力放在观察周围的环境和判断交通状况上，这不仅大大降低了驾驶者的精神压力，也提高了驾驶的安全性和效率。

3 功能特征

3.1 智能能量管理

1. 功能定义

基于对驾驶场景的快速识别及对未来工况的预测，通过构建整车多热源－多负载－多相精细化能量管理物理模型，利用在线优化控制算法规划控制目标，实现整车最优的能量管理，如图10－3所示。

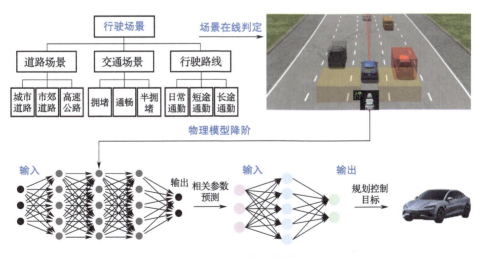

图10－3　智能能量管理

2. 技术路径

研究驾驶场景的在线判定及典型工况构建。

研究整车多热源–多负载–多相精细化能量管理物理模型的搭建及对标。

基于神经网络模型完成物理模型的降阶,实现模型的在线应用。

开发在线优化控制算法。

3. 评价指标

百公里最低能耗≤11.5kW·h(两轮驱动)(面向典型 B 级纯电动轿车)。

3.2 智能舒适行驶

1. 功能定义

基于电机驱动、机械制动和主动悬架控制,根据驾驶员意图,动态控制车身俯仰,降低制动"点头"和驱动"抬头"效应;坡道工况通过电机控制车辆纵向运动,改善起步与停车的驾乘舒适性、便利性,如图 10-4 所示。

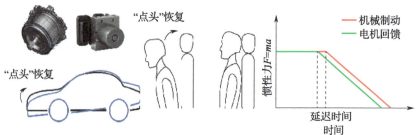

以电机为主的舒适制动,动力转矩卸载快,车辆惯性力小

a)舒适制动

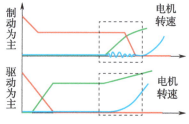

优先利用电机转矩稳坡,消除起步时的动力延迟和拖滞感

b)舒适驱动

图 10-4 智能舒适行驶

2. 技术路径

研究电机回馈制动与机械制动的协调控制机制。

研究制动与悬架对车身运动的协同控制机制。

研究前后制动力分配与整车动态俯仰的耦合关系。

研究制动减速度与乘员感知的主客观关联性。

研究制动舒适与制动效能的安全边界。

3. 评价指标

面向典型 B 级纯电动轿车，典型城市运行工况：

减速度变化率≤10m/s^3。

加速与制动俯仰角变化率≤1.5(°)/s。

3.3 智能驾驶辅助

1. 功能定义

针对城市工况场景需求，基于电机控制与底盘控制的融合，降低响应时延，提升响应精度，在不同车速和运行环境条件下，全面支撑智能驾驶辅助功能，如图 10 - 5 所示。

AEB功能

ACC+LKA功能

APA功能

图 10 - 5　智能驾驶辅助

2. 技术路径

研究融合"底盘 - 智驾"多传感器的智能底盘状态估计算法，提高对车辆运动状态的辨识能力。

研究辅助驾驶功能域底盘融合控制技术，发挥智能底盘控制优势。

针对智能驾驶辅助场景，设计多模型动态切换控制方法，适配行车、泊车等多场景对智能底盘的性能需求。

利用智能驾驶芯片算力，设计智能底盘运动控制参数的实时在线优化方法。

3. 评价指标

面向典型 B 级纯电动轿车，典型城市运行工况：

支撑高级驾驶辅助系统（ADAS）功能。

行车制动减速度斜坡响应延迟时间≤100ms。

行车转向方向盘转角正弦响应相位延迟时间≤80ms。

第 11 章
智能越野产品平台

在乘用车领域，智能越野产品平台的出现，可以视作越野文化和技术进步的完美融合。该平台不仅致力于打造优秀的越野能力，更追求为驾驶者带来纯粹的越野乐趣。这一创新平台的研发，背后蕴含着深厚的行业背景和深远的意义。

在传统越野产品的基础上，智能化技术为乘用车越野领域带来了更大的性能提升和更多的功能扩展。智能越野产品平台通过采用先进的底盘设计、悬架系统和动力系统，使车辆具备更强的攀爬能力、通过性和稳定性；智能越野产品平台通过引入先进的传感器、控制系统和人工智能技术，实现了越野模式和控制系统的智能联动，以适应不同的越野环境，让越野驾驶变得更加轻松和智能；智能越野产品平台通过优化成本结构、简化操作方式以及提供丰富的越野模式选择，让更多消费者能够享受到越野驾驶的乐趣。这一产品平台的出现不仅拓宽了越野文化的受众群体，也推动了越野车辆市场的普及和发展。

因此，智能越野产品平台在乘用车领域的出现，不仅是对越野技术的一次重大突破，更是对越野文化的一次深刻演绎。它通过提升越野可操作性和安全性、越野智能性以及越野可玩性，为驾驶者带来了更加安全、智能和有趣的越野体验，也为越野车辆市场的未来发展注入了新的活力和动力。为满足市场对智能越野车型的性能需求，本章定义乘用车智能越野产品平台，探索该场景下智能底盘技术发展的趋势和方向。

1 产品平台定义

智能越野产品平台定义范围如图 11-1 所示。

场景定义	性能需求
・使用人群：越野爱好者、自驾游爱好者、野外工作者 ・场景：山路、沙漠、沼泽、雪地、戈壁 ・场景特点：路况极具挑战性、不确定性 ・需求：高可操作性、高安全性、全能、有乐趣	・更高的可操作性和安全性 ・更高的智能化水平 ・更高的越野可玩性

图 11-1 智能越野产品平台定义范围

1.1 场景定义

作为一个融合现代科技与传统越野特性的新兴产品，乘用车智能越野产品平台的使用人群广泛而多元，既包括对越野运动充满热情的年轻人，也包括对高品质生活有追求的成熟人士，此外，越野爱好者、自驾游爱好者，甚至是那些从事特定职业，如探险、考察等工作的人群，也都是这一产品平台的潜在用户。

在使用场景方面，乘用车智能越野产品平台能够应对多种复杂环境。无论是崎岖的山路、泥泞的沼泽地，还是广袤的沙漠、冰封的雪地，它都能凭借其出色的越野性能与智能系统，确保车辆行驶的安全、稳定。智能越野产品平台的使用场景往往具有不确定性、复杂性和挑战性。在这些场景中，车辆需要快速适应环境变化，驾驶者也需要根据实时情况做出准确判断。

乘用车智能越野产品平台的重要意义在于它满足了现代人对高品质驾驶体验的追求，同时推动了汽车技术的进步和越野文化的发展。通过这一产品平台，人们能够更好地探索自然、享受生活，同时也能在驾驶过程中提升自我、挑战自我。

1.2 车型级别

乘用车智能越野产品平台的车型级别多种多样，以满足不同消费者群体的需求和偏好。该平台常见的车型级别以各种尺寸的 SUV 为主，以下介绍一些常见的智能越野新能源汽车及其特点。

特斯拉 Cybertruck 采用了非承载式车身设计，并融合了特斯拉独特的外骨骼车身概念。这种设计既具备承载式车身轻盈、省油、舒适和灵活的特点，又拥有非承载式车身的强度和载重能力。通过采用高强度不锈钢材料和特斯拉的一体压铸技术，Cybertruck 实现了出色的结构强度和轻量化，从而提供了优秀的操纵稳定性；悬架系统经过特殊调校，能够在各种路况下提供稳定的支撑和舒适的驾驶体验。而四驱系统则能够根据实时路况智能分配动力，确保车辆在越野、爬坡等复杂环境中能够展现出优秀的越野能力。该车型采用了特斯拉先进的自动驾驶和智能辅助驾驶技术，包括自动驾驶导航、智能巡航控制等功能，大幅提升了驾驶的便捷性和安全性。此外，Cybertruck 还配备了先进的电池技术和充电设施，为长途旅行和越野探险提供了可靠的能源保障。

Rivian R1T 作为一款智能越野产品，凭借其前后轮边驱动电机设计，提供了强大的动力输出。每个车轮都能获得独立的动力，这种设计不仅增强了车辆的加速性能，还使得 R1T 在越野路况下能够更加灵活地应对各种挑战。此外，R1T 还配备了高度可调的空气悬架系统，可以根据路况实时调整车身高度，从而提供更好的悬架支撑和更高的离地间隙，确保车辆在复杂地形中的稳定性和通过性。该车型采用了先进的电池技术和电力驱动系统，为车辆提供了出色的续驶能力和动力性能。该车型的电池组容量大，能量密度高，能够满足长时间越野行驶的需求。同时，R1T 还具备快速充电功能，大幅缩短了充电时间，提高了使用便利性。此外，Rivian R1T 在智能化方面也走在了行业前列，它配备了多种传感器和摄像头，能够实时感知周围环境，为驾驶者提供全方位的信息支持。通过先进的算法和数据处理技术，R1T 能够实现智能路径规划、自动避障等功能，大大提高了驾驶的安全性和舒适性。R1T 拥有多种越野驱动模式，可以应对不同路况和越野场景。通过调节驱动模式和悬架系统的高度，R1T 能够良好地应对崎岖的山路、泥泞的沼泽地等复杂地形，为驾驶者带来不同以往的越野体验。

长城新能源越野超级混合动力架构 Hi4-T，采用了先进的纵置并联混合动力架构，具备可持续的强动力输出、精准的智慧能量管理以及可靠耐用的四驱系统。其中，强动力输出得益于油电并联模式的应用，发动机和电机可以根据场景需要实时互补，实现动力的无缝衔接，既保证了强劲的动力性能，又降低了能量消耗。可靠耐用的四驱系统则采用了非解耦设计和"三把锁"⊖，能够在极

⊖ "三把锁"指前轴差速锁、中央差速锁和后轴差速锁。

限场景下轻松脱困，确保越野行驶的安全性和稳定性。其采用的非承载式超高强度车身、开创性电池布局以及增强合金防撞梁等设计，有效提升了车身的刚性和抗冲击能力。同时，电池包采用防尘防水、航天级隔热设计，确保了电池系统的安全性。此外，Hi4-T 还配备了先进的悬架系统和电子稳定性控制系统，为驾驶者提供了稳定的操控感受和舒适的乘坐体验。无论是在崎岖的山路、泥泞的沼泽地，还是在沙漠等复杂地形中，Hi4-T 都能展现出优秀的越野性能和操纵稳定性。

仰望 U8 作为比亚迪旗下的高端新能源越野车，搭载了易四方平台，并配备了云辇-P 智能液压车身控制系统。这使得仰望 U8 在动力驱动模式、车身调控、极限路况通过性等多方面均实现突破。其四轮四电机的设计使得每个车轮都能获得独立的动力供应，从而实现了对车辆动力输出的精准控制。同时，云辇-P 系统的高度 + 刚度 + 阻尼三项同时自主调节功能，使得仰望 U8 在越野路况下能够轻松应对各种挑战。此外，仰望 U8 还拥有多种地形、原地转向、带拖车行驶等驾驶模式，能够实现对全地形路况的智能识别与调整，从容应对各种极限越野场景。此外，仰望 U8 还具备智能越野能力，通过搭载的多种传感器和摄像头，U8 能够实时感知周围环境，为驾驶者提供全方位的信息支持。结合先进的算法和数据处理技术，U8 能够实现智能路径规划、自动避障等功能，大幅提升了越野行驶的安全性和便利性。

1.3 性能需求

智能底盘越野产品平台的定义：智能越野产品平台是以智能底盘为基础，面对多种地形、各种复杂道路，能给驾驶者带来独特的越野驾驶体验，且在硬件设计、软件功能方面具备越野特色的底盘平台。

1. 更高的可操作性和安全性

为了使智能越野产品平台在越野性能上实现更高的可操作性和安全性，研发工作需围绕以下两个核心方面展开。

首先，研发应着重于整车硬件设计的优化与升级。这意味着要对车辆的动力系统、悬架配置、轮胎选择以及车身结构等关键部件进行细致的考量与调整。这样的设计思路旨在确保智能越野产品平台能够在多样化的驾驶场景中展现出卓越的越野性能。无论是陡峭的山地、湿滑的沼泽，还是松软的沙漠地带，经过优化的硬件设计都将极大地提高越野活动的可行性，为驾驶者提供更加稳定、灵敏的操控体验。

其次，打造整车的可靠性是扩大越野安全边界不可或缺的一环。在这一方面，研发工作应聚焦于提升车辆的结构强度、耐久性以及故障自诊断能力。通过采用高品质的材料、精确的制造工艺以及严格的质量控制流程，可以显著增强智能越野产品平台的整体稳固性，减少其在极端环境下的故障率。同时，通过引入先进的电子控制系统和传感器网络，车辆将具备实时监测自身状态的能力，从而在出现潜在问题时能够迅速做出响应，有效保护驾驶者的安全。

2. 更高的智能化水平

为了使智能越野产品平台在越野活动中实现更高的智能化水平，研发工作需围绕以下两个核心领域进行深入探索与实践。

首先，智能越野驾驶模式的控制功能是提升越野智能性的关键所在。这涉及地形自动识别模式与全地形控制模式的研发与应用。地形自动识别模式通过先进的传感器技术和算法，能够实时感知和分析车辆所处地形的类型，如山地、沙地、泥地等，并根据不同地形的特点自动调整车辆的驾驶模式和参数设置，以确保最佳的越野性能和安全性。全地形控制模式则进一步扩展了车辆在不同地形下的适应能力，通过综合考量车辆的动力、悬架、制动等多个系统的工作状态，实现对车辆的动态性能进行全面优化，从而提供更加稳定、高效的越野驾驶体验。

其次，智能底盘各控制系统的联动控制也是提升越野智能性的重要手段。这主要涉及智能感知与智能底盘横、纵、垂融合控制的研发与实施。智能感知系统通过雷达、摄像头等传感器设备，实时获取车辆周围的环境信息和车辆自身的运动状态，为底盘控制系统的决策提供准确、全面的数据支持。而智能底盘横、纵、垂融合控制则是将车辆的横向、纵向和垂直运动控制进行有机融合，实现底盘各系统的协同工作和优化控制。通过这种联动控制方式，车辆能够更好地适应复杂多变的越野环境，提高行驶的平稳性、舒适性和安全性。

3. 更高的越野可玩性

为了提升智能越野产品的越野可玩性，降低越野活动的参与门槛，并吸引更多越野爱好者融入其中，研发工作应着重从以下两个方面进行深入探索和实施。

首先,智能越野专属辅助功能的设计是实现这一目标的关键环节。其中,越野巡航控制作为一项重要的技术创新,能够显著增强驾驶者在越野过程中的舒适性和安全性。该功能通过集成先进的传感器和控制系统,能够自动识别和适应不同地形条件,并据此调整车辆的速度和行驶轨迹,以保持稳定的越野性能。这样一来,即便是经验相对较少的越野爱好者,也能轻松应对复杂的越野环境,享受越野活动带来的乐趣。

其次,极限越野辅助功能的拓展也是提升越野可玩性的重要途径。例如,坦克转弯功能作为一种创新的驾驶辅助技术,能够在极端越野条件下显著提升车辆的操控性和通过性。该功能通过优化车辆的转向机制和动力分配,使车辆在狭窄、崎岖的地形中能够更加灵活地转弯和避障。这种技术的引入不仅将极大地增强越野活动的刺激性和挑战性,同时也将有效降低越野活动的难度,使更多爱好者能够体验到极限越野的乐趣。

2 架构特征

智能越野产品平台架构包括系统架构及功能架构,如图 11-2 所示,相对应的架构特征将于下文进行介绍。

图 11-2 智能越野产品平台架构

第 11 章 智能越野产品平台

智能底盘智能越野产品平台的系统架构特征主要包括驱动系统、悬架系统和越野型底盘/车身的设计特征；智能底盘智能越野产品平台的功能架构特征，主要包括全地形控制功能、智能越野辅助功能、智能地形识别功能。

智能越野产品的智能底盘系统架构进行了特殊设计，其显著特征主要体现在对驱动系统、悬架系统以及越野型底盘/车身的精心设计上。驱动系统采用了高效且强大的动力输出技术，确保车辆在各种复杂地形和恶劣环境下都能提供稳定可靠的动力支持；悬架系统则经过精心调校，具备出色的减振性能和稳定性，为驾驶者带来更加舒适和安全的越野体验；越野型底盘/车身则采用了坚固耐用的材料和结构，以应对越野行驶中可能遇到的各种挑战。

在功能架构方面，智能越野产品的智能底盘同样展现出强大的智能化特性。全地形控制功能允许驾驶者根据不同地形和环境条件灵活调整车辆参数，实现最佳越野性能；智能越野辅助功能则通过先进的传感器和算法，提供诸如坡道辅助、下坡控制等实用功能，帮助驾驶者轻松应对各种越野挑战；智能地形识别功能则能够实时识别当前地形，并自动调整车辆状态，以适应不同地形的特点，进一步提升越野行驶的安全性和舒适性。

2.1 系统架构特征

1. 驱动系统

乘用车智能越野产品系统架构特征中的驱动系统，无疑是整个车辆性能的核心所在。这一系统的主要特征，首先体现在其采用了先进的四驱系统。四驱系统不仅保证了车辆在复杂路况下的稳定性和可靠性，更提供了充足的动力输出和良好的操控性能。在越野行驶中，四驱系统能够确保车辆的四个车轮都获得足够的动力，从而轻松应对各种复杂地形。

其次，该驱动系统的另一显著特征是前后均带差速锁。差速锁的作用在于，当车辆行驶在崎岖不平的路面上时，能够自动锁定前后轮的差速器，使得两侧车轮能够以相同的转速转动，从而避免车轮打滑或空转。这一设计大大提高了车辆在越野环境中的脱困能力和通过性。

此外，驱动系统还引入了分布式驱动矢量控制技术。这是一种先进的电子控制技术，能够实时调整各个车轮的动力输出和转矩分配。通过精确的矢量控制，系统能够根据车辆的行驶状态和路况的变化，智能地调整车轮的动力分配，从而实现更加平稳、高效的越野行驶。这一技术的引入，不仅提升了越野驱动系统的性能，也推动了其电动化升级的进程，为乘用车智能越野产品的发展注入了新的活力。

2. 悬架系统

乘用车智能越野产品系统架构特征中的悬架系统，无疑是车辆性能的重要组成部分。该悬架系统融合了先进的电控技术，展现出了独特的优势。其中，电控减振器的应用是悬架系统的一大亮点。电控减振器通过电子控制系统对减振器进行精确调节，能够根据车辆行驶状态和路况变化实时调整阻尼力，有效抑制车身振动，提升驾驶舒适性和稳定性。

除了电控减振器，主动弹簧也是悬架系统的一大特色。主动弹簧采用先进的材料和设计，能够根据车辆的载重和行驶状态自动调节弹簧刚度，确保车身始终保持在最佳姿态。这种智能化的弹簧设计，不仅提升了车辆的操控性能，也进一步增强了越野通过性。

在越野行驶中，可断稳定杆的组合使用为悬架系统带来了更多可能性。稳定杆在普通行驶状态下能够保持车辆的稳定性，但在越野行驶中遇到复杂地形时，稳定杆可能会限制车轮的运动范围。因此，在需要时断开稳定杆，可以使左右轮解耦释放运动行程，让车轮更好地适应地形变化，从而提升车辆的接地性，确保车辆能够更稳定地通过崎岖路段。这一设计不仅提升了越野性能，也展现了悬架系统的高度灵活性和适应性。

3. 越野型底盘/车身

乘用车智能越野产品平台系统架构中的越野型底盘和车身设计，是确保其卓越越野性能的关键所在。这一设计充分体现了研发人员对越野指标的深入理解和精准把握，为越野爱好者提供了多样化的选择。

首先，越野型底盘的设计充分考虑了越野行驶的特殊需求。它采用了高强度材料和先进的制造工艺，以确保在复杂地形中的稳定性和耐用性。其次，底盘结构还经过了优化设计，以应对越野行驶中可能遇到的各种挑战。这种设计不仅提升了车辆的越野性能，还确保了驾驶者在越野过程中的安全性和舒适度。

在车身方面，越野型设计同样展现出了其独特性。根据越野指标的要求，消费者可以选择承载式车身或非承载式车身。承载式车身具有轻量化、高刚性的特点，适合追求高速越野和操控性能的驾驶者；而非承载式车身则具有更强的抗扭能力和更高的离地间隙，更适合应对极端越野环境和复杂路况。这种多样化的车身选择，使得乘用车智能越野产品能够更好地满足不同消费者的需求，展现出其在越野领域的实力。

2.2 功能架构特征

1. 全地形控制功能

全地形控制功能是现代智能越野产品中的一项关键技术，它根据车辆所处的地形和环境条件的不同，为标准、经济、极限运动、雪地、泥地、沙地以及智能越野等多种模式制定了相应的控制策略。这些控制策略的核心在于优化车辆的动力输出、悬架调整、制动系统控制以及稳定性控制，确保车辆在各种复杂地形下都能提供优秀的驾驶性能和安全性。

在标准模式下，全地形控制功能侧重于提供平衡稳定的驾驶体验，适合在一般道路和轻度越野环境中使用。经济模式则注重燃油经济性和车辆能效，通过调整发动机和传动系统的工作状态，降低能耗，延长续驶里程。这两种模式适用于日常驾驶和长途旅行，旨在提供舒适且经济的驾驶体验。

当切换到极限运动模式时，全地形控制功能会显著提升车辆的动态响应和操控性能。通过调整悬架刚度和阻尼，以及优化动力分配和制动系统控制，使车辆在高速行驶和激烈操控时更加稳定敏捷。雪地、泥地和沙地模式则分别针对湿滑、松软和流动性强的地面条件进行优化。在这些模式下，系统会调整车辆的牵引力控制、差速锁止状态等参数，以提高车辆在特殊地形下的通过性和脱困能力。

智能越野模式是全地形控制功能中的一项高级功能，它利用先进的传感器和算法，实时感知和分析车辆所处的地形类型和路况信息。根据这些信息，智能越野模式会自动调整车辆的驾驶模式和各项参数设置，以实现最佳的越野性能和安全性。在这种模式下，驾驶者只需专注于驾驶操作，而不需要频繁地手动调整车辆设置，极大地提升了越野活动的便捷性和安全性。

2. 智能越野辅助功能

智能越野辅助功能是现代越野车辆中不可或缺的一部分，该功能通过集成先进的电子控制系统和传感器技术,为驾驶者提供了更加便捷、安全的越野体验。其中,越野巡航和坦克转弯等功能的实现,显著提升了车辆在复杂地形下的通过性和操控性。

越野巡航功能是一种智能化的速度控制系统,它可以根据车辆所处的地形和路况信息,自动调整车速和行驶轨迹,以保持稳定的越野性能。通过先进的传感器和算法,越野巡航功能能够实时感知和分析车辆周围的环境,如坡度、障碍物等,并根据这些信息自动调整加速和制动系统的工作状态,使车辆在不同地形下都能以最佳的速度和姿态行驶。这种功能的引入不仅提高了越野活动的舒适性和安全性,也降低了驾驶者的操作难度,使更多人能够享受到越野的乐趣。

坦克转弯功能则是一种创新的转向辅助技术,它模仿了坦克在狭窄空间内的转弯方式,通过优化车辆的转向机制和动力分配,使车辆在极端越野条件下能够更加灵活地转弯和避障。这种功能在面对陡峭的山路、密集的树林等复杂地形时尤为实用,它可以帮助驾驶者更加轻松地应对各种挑战,提升越野活动的刺激性和趣味性。同时,坦克转弯功能的实现也体现了现代越野车辆对操控性和通过性的极致追求。

智能越野辅助功能的不断发展和完善,不仅提升了越野车辆的性能表现,也为驾驶者带来了更加丰富、多样的越野体验。未来,随着科技的不断进步和创新,我们有理由相信智能越野辅助功能将会更加智能化、人性化,为越野活动注入新的活力和魅力。同时,这些功能的应用也将推动越野运动向更加广泛、普及的方向发展,吸引更多人参与其中并享受越野带来的乐趣和挑战。

3. 智能地形识别功能

智能地形识别技术是现代越野车辆中的一项革新性技术,它通过集成先进的传感器、控制系统和算法,实时感知和分析车辆所处的地形状态。这种技术的引入,不仅提升了越野车辆的智能化水平,也为驾驶者提供了更加便捷、安全的越野体验。

智能地形识别功能的核心在于其精准的地形感知能力。通过搭载在车辆上的多种传感器,如雷达、摄像头和高度传感器等,系统能够实时获取车辆周围的环境信息,包括地形类型、坡度、障碍物等。高速处理器对这些数据进行分析和处理，能够迅速生成车辆当前所处的地形状态图，为后续的驾驶模式切换提供准确的依据。

一旦系统识别出车辆所处的地形状态，智能地形识别功能就会根据预设的算法和策略，自动评估不同驾驶模式在当前地形下的适用性和优越性。这些驾驶模式可能包括标准模式、经济模式、极限运动模式，以及专门针对雪地、泥地、沙地等特定地形的模式。通过综合考量车辆的动力性、通过性、稳定性和安全性等因素，系统会自动选择最适合当前地形的越野模式，并通过电子控制系统对车辆的动力输出、悬架调整、制动系统控制等进行相应的优化和配置。

智能地形识别功能的实现，不仅显著提升了越野车辆的通过性和操控性，也极大地降低了驾驶者在复杂地形下的操作难度和判断压力。驾驶者只需专注于驾驶操作本身，不需要频繁地手动切换驾驶模式或调整车辆参数，系统会根据实际地形状态自动完成这些工作。这不仅提高了越野活动的安全性和舒适性，也让更多人能够享受到越野驾驶的乐趣和挑战。

3 功能特征

3.1 全地形控制

1. 功能定义

基于车辆所处的路面类型和路况状态，选择标准、经济、极限运动、智能越野等不同驾驶模式，整体协调驱动、转向、制动、悬架等各系统的控制，并根据驾驶者的驾驶风格自动匹配控制类型，实现人车合一，达到最佳的驾驶体验。全地形控制系统及其适用场景如图 11-3 所示。

a）全地形控制系统　　b）跋山涉水　　c）沙漠穿越　　d）丛林探险

图 11-3　全地形控制系统及其适用场景

2. 技术路径

研究不同越野工况驱动系统转矩输出特性。

研究不同路面下底盘控制系统限转矩及限滑移的计算逻辑和控制方法。

研究越野性能测试场景及评价方法。

3. 评价指标

雪地、泥地、沙地工况下的加速性、爬坡度、操纵稳定性。

交叉轴、滑轮组等极限工况的通过性。

3.2 智能越野辅助

1. 功能定义

如图 11-4 所示,智能越野辅助基于车辆视觉传感器判断周边环境,联合车辆横、纵、垂向传感器识别车辆状态,协同控制驱动转矩和制动力矩以实现对车辆各自由度越野动态的控制,解放驾驶者双脚,使车辆以安全的速度平稳通过越野路段。

a)动力-底盘联动控制

b)越野巡航控制

c)坦克转弯功能

图 11-4 智能越野辅助

当监测到驾驶者的极限转向意图时,转矩矢量控制、四轮转向系统协同工作,减小极限转弯半径。

2. 技术路径

研究越野巡航控制状态下车速控制与转矩跟随的关系。

研究负载多变、极限工况下的车辆转矩控制理论及数学模型计算逻辑。

研究驱动、转向、制动系统融合控制在极限越野工况下的协同方式。

3. 评价指标

依据各行驶路况的驾驶需求设置不同动力性、通过性、操控性指标。

3.3 智能地形识别

1. 功能定义

根据车辆行驶路况智能识别路面信息，自动切换至最适合当前路面的驾驶模式，保持车辆最优的驾驶性能，如图 11-5 所示。

a）路面信息采集　　　　b）路面特点分析　　　　c）模式智能选择

图 11-5　智能地形识别

2. 技术路径

研究基于多种传感器的路况识别策略。

研究各工况下车辆横、纵、垂控制系统的最优性能配合方式。

研究智能地形识别系统与智能底盘各系统信号交互与融合控制逻辑。

3. 评价指标

地形识别精度。

横、纵、垂融合控制在不同路面的越野性能。

第 12 章
展望与建议

智能底盘不仅是汽车智能驾驶得以实现的核心基石,更是确保智能汽车安全、稳定行驶的关键要素。在感知与决策之后,智能底盘技术已然成为智能汽车领域新一轮竞争的焦点。因此,我们迫切需要确立智能底盘的发展蓝图,打造中国特色的智能底盘技术体系与话语体系。

目前,我国的传统整车企业、造车"新势力"企业、底盘零部件企业以及 ICT 企业,在智能底盘的设计、控制、关键零部件及开发体系方面,均已有丰富的产品和技术储备。这些多元化、具备优势的企业集群,为我国智能底盘的发展提供了坚实的技术和产业支撑。

现阶段,需要广泛汇聚行业内的多方力量,整合各界资源,深入交流思想,达成共识,明确我国智能底盘的发展道路及具体举措。同时,还需明确未来十年智能底盘技术的发展趋势、关键技术和行动建议,从而推动智能底盘技术的突破和产业的繁荣。

1 共性技术

乘用车智能底盘产品平台的发展在未来预计将呈现出多元化、智能化和高度集成化的趋势。随着汽车行业的不断进步和技术的持续创新,智能底盘将在提升车辆性能、增强驾驶体验以及提高行车安全性等方面发挥越来越重要的作用。

1. 发展展望

首先,对于乘用车智能底盘产品平台的发展展望,我们可以预见以下几个方面。

技术集成化:未来的智能底盘将更加注重各子系统之间的协同与集成,例如线控制动、线控转向和悬架系统等将实现深度协同，以提供更精确、更稳定的车辆控制。

智能化水平提升：随着人工智能和机器学习技术的发展，智能底盘将具备更强的道路环境感知、预判和控制能力，实现对车轮与地面相互作用的主动管理，从而进一步提升车辆的操控性和舒适性。

个性化与定制化：随着消费者需求的多样化，智能底盘产品平台将提供更为丰富和个性化的配置选项，以满足不同用户的驾驶需求。

2. 建议

然而，在乘用车智能底盘产品平台的发展过程中，我们也需要注意到一些挑战和潜在问题。例如，技术的快速更新可能导致部分传统技术迅速过时，需要不断进行技术研发和更新迭代；同时，智能底盘功能的增加，也可能带来更高的成本和更复杂的维护问题。

因此，对于乘用车智能底盘产品平台的共性发展建议如下。

加大研发投入：持续投入资源进行技术研发，推动智能底盘技术的不断创新和进步，以满足市场和消费者的需求。

注重成本控制：在追求技术创新的同时，也要注意控制成本，确保产品的性价比和市场竞争力。

强化标准制定与合规性：随着智能底盘技术的不断发展，需要制定和完善相应的技术标准和法规，确保产品的合规性和安全性。

深化产业链合作：加强与上下游企业的合作，形成产业链的协同效应，共同推动智能底盘技术的发展和应用。

总的来说，乘用车智能底盘产品平台的发展前景广阔，但也面临着诸多挑战。我们需要不断创新、优化和完善，以推动乘用车智能底盘技术的持续进步和广泛应用。

2 产品平台

1. 极限运动产品平台

乘用车智能底盘产品平台的极限运动产品平台发展展望与建议如下。

（1）发展展望

高度集成化与轻量化：随着材料科学的进步，极限运动产品平台将采用更为先进的轻量化材料，同时实现底盘各系统的高度集成，确保车辆在极限条件下的稳定性和操控性。

智能化水平的大幅提升：借助先进的传感器、算法和人工智能技术，极限运动产品平台将实现更为精准的操控和更为灵敏的响应，使驾驶者在极限运动中能够更加自如地掌控车辆。

个性化与定制化需求的满足：针对不同极限运动场景和驾驶者的个性化需求，极限运动产品平台将提供更为丰富和可定制的配置选项，包括悬架系统、制动系统、驱动模式等，以满足不同驾驶者对极限驾驶体验的需求。

（2）建议

加强技术研发与创新：持续投入资源进行技术研发和创新，推动极限运动产品平台在材料、结构、控制系统等方面的不断进步，以满足极限运动场景对车辆性能的高要求。

深化与汽车极限运动领域的合作：与汽车极限运动组织、赛事方等建立紧密的合作关系，共同研究和开发适合汽车极限运动的底盘技术，推动极限运动产品平台的技术进步和应用推广。

强化标准制定与合规性：针对极限运动产品平台的特点和需求，制定和完善相应的技术标准和法规，确保产品的合规性和安全性，为极限运动产品平台的发展提供有力保障。

注重用户体验与反馈：在极限运动产品平台的设计和开发过程中，充分关注驾驶者的用户体验和反馈，不断优化产品设计和性能，提升驾驶者在极限运动中的满意度和安全感。

乘用车智能底盘产品平台的极限运动产品平台具有广阔的发展前景和巨大的市场潜力。通过加强技术研发、深化合作、制定标准和提升用户体验等措施，我们可以推动极限运动产品平台的快速发展，为驾驶者提供超越预期的极限驾驶体验。

2. 高端公务产品平台

乘用车智能底盘产品平台的高端公务产品平台发展展望与建议如下。

（1）发展展望

极致舒适性与安全性：高端公务产品平台将致力于提升车辆的舒适性和安全性，为公务出行提供更为优质、安全的驾乘体验；通过优化底盘结构、采用先进的悬架系统和制动系统，实现平稳的行驶和精准的操控，确保行车安全。

高度智能化与自动化：随着智能驾驶技术的不断发展，高端公务产品平台将实现更高级别的自动驾驶功能，包括自动泊车、自适应巡航、自动避障等，提高行车效率和安全性，同时减轻驾驶者的负担。

个性化定制与尊贵体验：高端公务产品平台将注重个性化定制和尊贵体验，提供多样化的内饰和外观选择，以及专属的配置和服务，满足公务出行的特殊需求，展现用户的尊贵与品位。

（2）建议

强化技术研发与创新：持续投入资源进行技术研发和创新，针对高端公务产品平台的特殊需求，开发更为先进、稳定的底盘技术和智能驾驶系统，提升产品的竞争力。

注重品质与细节：在高端公务产品平台的开发和生产过程中，注重品质控制和细节处理，确保每一个部件、每一个环节都达到最高标准，为公务出行提供卓越的品质保障。

加强市场调研与需求分析：深入了解高端公务市场的需求和趋势，分析潜在客户的偏好和期望，为产品开发和优化提供有力支持。

建立专业的服务团队：针对高端公务产品平台的特点和需求，建立专业的服务团队，提供全面的售前、售中和售后服务，确保客户在使用过程中得到及时、专业的服务支持。

乘用车智能底盘产品平台的高端公务产品平台具有广阔的发展前景和旺盛的市场需求。通过强化技术研发、注重品质与细节、加强市场调研和建立专业服务团队等措施，我们可以推动高端公务产品平台的快速发展，为公务出行提供更加安全、舒适、智能的解决方案。

3. 城市运行产品平台

乘用车智能底盘产品平台的城市运行产品平台发展展望与建议如下。

（1）发展展望

高度智能化与网联化：城市运行产品平台将实现更高级别的智能化和网联化，通过与交通管理系统、城市信息平台的深度融合，实现车辆与城市基础设施的互联互通，提高城市交通效率和安全性。

低碳环保与节能高效：随着环保意识的增强和新能源技术的发展，城市运行产品平台将更加注重低碳环保和节能高效，采用先进的动力系统和能量回收技术，降低车辆的能耗和排放，为城市可持续发展做出贡献。

舒适性与便捷性并重：城市运行产品平台将致力于提升驾乘舒适性和便捷性，通过优化底盘设计、降低噪声和振动，以及提供智能化的驾驶辅助系统，为城市居民提供更为舒适、便捷的出行体验。

（2）建议

加强技术研发与产业协同：针对城市运行产品平台的特殊需求，应加强技术研发和产业协同，推动智能底盘技术与城市交通管理、新能源等领域的深度融合，形成完整的产业链和生态圈。

完善标准体系与法规制度：建立健全城市运行产品平台的标准体系和法规制度，确保产品的合规性和安全性，推动行业的健康发展。

注重用户体验与反馈：在城市运行产品平台的开发和运营过程中，注重用户体验和反馈，及时调整和优化产品设计和服务模式，提升用户满意度和忠诚度。

推广示范应用与市场推广：通过示范应用和市场推广，展示城市运行产品平台的优势和应用效果，提高公众的认知度和接受度，推动市场的快速发展。

乘用车智能底盘产品平台的城市运行产品平台具有巨大的发展潜力和市场前景。通过加强技术研发、完善标准体系、注重用户体验和推广示范应用等措施，我们可以推动城市运行产品平台的快速发展，为城市交通的智能化和高效化提供有力支持。

4. 智能越野产品平台

乘用车智能底盘产品平台的智能越野产品平台发展展望与建议如下。

（1）发展展望

极致越野性能与智能化水平：智能越野产品平台将致力于提升车辆的越野性能和智能化水平，实现更为精准、高效的越野驾驶体验。通过集成先进的传感器、控制系统和算法，智能越野产品平台将能够实时感知和应对复杂的越野环境，确保车辆在恶劣路况下行驶的稳定性和安全性。

高度自适应与可定制性：针对不同越野场景和驾驶者的个性化需求，智能越野产品平台将提供高度自适应和可定制的功能。通过调整悬架系统、驱动模式、轮胎选择等，智能越野产品平台能够适应各种地形和气候条件，同时满足驾驶者对越野性能的个性化追求。

智能互联与协同：智能越野产品平台将实现与其他车辆、设备和基础设施的智能互联与协同。通过车联网技术，车辆可以实时获取路况信息、天气变化等数据，并与其他越野车辆进行信息共享和协同行动，提高越野行驶的安全性和效率。

（2）建议

加大技术研发与创新力度：针对智能越野产品平台的特殊需求，加大在底盘结构、控制系统、传感器技术等方面的研发和创新力度，推动越野底盘技术的突破和进步。

强化越野性能测试与验证：建立完善的越野性能测试体系，对智能越野产品平台进行严格的测试和验证，确保其在各种恶劣路况下的性能和可靠性。

深化合作与资源整合：与越野车辆制造商、越野运动组织、科研机构等建立紧密的合作关系，共同研发和推广智能越野产品平台，实现资源共享和优势互补。

注重用户体验与反馈：在智能越野产品平台的开发和推广过程中，注重用户体验和反馈，及时收集和分析用户的意见和建议，不断优化产品设计和功能，提升用户满意度和忠诚度。

乘用车智能底盘产品平台的智能越野产品平台具有广阔的发展前景和巨大的市场潜力。通过加大技术研发与创新力度、强化越野性能测试与验证、深化合作与资源整合以及注重用户体验与反馈等措施，我们可以推动智能越野产品平台的快速发展，为越野爱好者提供更加安全、高效、智能的越野驾驶体验。

PART 03

第 3 部分 商用车智能底盘产品平台定义

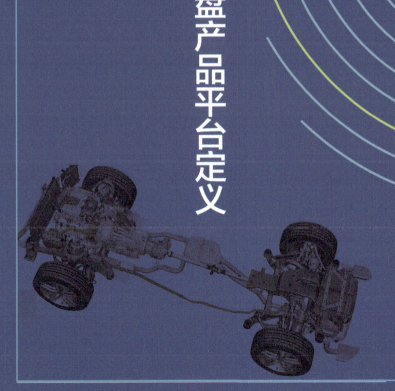

第 13 章
商用车智能底盘产品平台共性技术

近年来，智能网联汽车受到各国高度重视，许多国家和地区都把发展智能网联汽车放到核心战略地位，制定出一系列战略规划以及法律法规支持产业发展。从市场端来看，以车辆安全为核心目标的智能网联汽车技术必将受到更大的重视。与此同时，智能网联汽车的环境感知、智能规控、控制执行以及新型电子电气架构等关键技术也在不断演进、快速迭代，呈现出诸多值得关注的发展趋势。

2020 年 11 月，《智能网联汽车技术路线图 2.0》正式发布，提出了智能网联货运车辆与客运车辆的 2025 年阶段性发展目标。

智能网联货运车辆（包括中型、大型货车，以及目前在封闭区域示范应用的新型物流配送车辆）的阶段发展目标：2025 年左右，实现高速场景驾驶辅助（DA）、部分自动驾驶（PA）级自动驾驶技术规模化应用，有条件自动驾驶（CA）级自动驾驶货运车辆开始进入市场；同时，限定场景高度自动驾驶（HA）级自动驾驶实现商业化应用，高速公路队列行驶开始应用等；此外，基于蜂窝车联网技术（C-V2X）的通信能力和边缘计算技术，可有效支撑限定场景下 HA 级自动驾驶商业化应用的落地。

智能网联客运车辆（包括用于城市公交、城际客运、社会团体等的客车，以及目前在封闭区域示范应用的新型通勤小客车）的阶段发展目标：2025 年左右，实现限定场景公交车（如 BRT）CA 级自动驾驶商业化应用、限定场景（园区、景区等封闭区域）接驳车 HA 级自动驾驶商业化应用；同时，基于 C-V2X 的通信能力和边缘计算技术，可实现限定场景网联协同感知与决策的商业化应用。

线控底盘技术是发展智能网联汽车的基础。线控底盘技术的阶段性发展目标：预计到 2025 年左右，掌握线控驱动、制动、转向、悬架系统执行器的生产研发技术，并将样件应用于部分车型；实现面向 AEB、车道保持辅助（LKA）、ACC 等 ADAS 功能的车辆纵向、横向、垂向动力学控制及底层执行器控制算法开发；提升产品的冗余设计，并开发高安全性系统和软件架构、低失效率硬件、高覆盖率诊断机制，以提高产品的可靠性。

1 总体框架

产品平台定义框架主要聚焦于底盘系统级技术、底盘子系统技术及底盘基础技术三大方面。其中，底盘系统级技术、底盘基础技术作为共性技术集中论述，在关键子系统维度根据不同用途，分四个小组分别进行阐述，如图 13-1 所示。

图 13-1 产品平台定义框架

2 底盘系统架构及控制技术

2.1 商用车智能底盘系统架构

1. 智能底盘系统架构概述

底盘域由转向系统、制动系统、传动系统、悬架系统和行驶系统共同构成。针对当前汽车智能化、网联化和电子化的需求，底盘系统架构正逐步由分布式向域控式、集中式的方向发展，并由此发展出新一代底盘域控架构。

新一代底盘域控架构，在机械执行部件方面，需要实现机械解耦，可通过电机驱动等形式来实现机械力的解耦，从而提升整个底盘系统的控制精度；在软件和硬件方面，针对车辆智能化、网联化及自动驾驶对控制器高运算效率和高实时性的需求，同时考虑底盘各个功能模块开发过程相互独立造成的部分模型或信号复用性低及开发成本高的问题，需在域控架构设计时考虑芯片算力、系统实时性及子系统模型的复用性，满足新一代底盘域控架构高算力、高实时性的需求，提升基础模型的复用度。底盘域控架构发展趋势如图 13-2 所示。

针对新一代域控架构，前沿研究主要基于分层式控制架构展开，如图 13-3 所示。通常，分层式控制架构的上层及中层控制器用于计算全局优化目标并实现子系统解耦与控制协调分配，底层则基于不同执行器实现对各子系统控制目标的跟踪输出。该种控制架构层级间相互独立且有着清晰的控制目标，具有良好的灵活性与功能扩展性，尤其对局部系统故障有良好的鲁棒性，该种架构也同样有助于调试人员进行参数标定以及在线诊断。

新一代底盘域控架构需要满足车辆自动驾驶和先进驾驶辅助制动系统对高带宽、低延迟车载通信网络的需求。传统汽车通信网络包括 CAN、LIN、FlexRay 和 CAN FD 几种。传统的汽车串行总线在各种汽车中发挥了重要作用，但它们也都有各自的缺点，而高带宽低延时的高速车载以太网（图 13-4）能够克服传统汽车串行总线数据传输速率低的缺点。例如，大多数汽车串行总线都无法满足激光雷达（LIDAR）所要求的 70mbit/s 数据传输速率。当各种传感技术和无线通信技术整合在一起时，通常需要同时使用雷达、摄像头和车联网（V2X）通信。在这种情况下，需要传输的数据量超过了传统汽车串行总线的现有容量。因此，汽车行业想要引入车载以太网，以便使自动驾驶和 ADAS 变成现实。

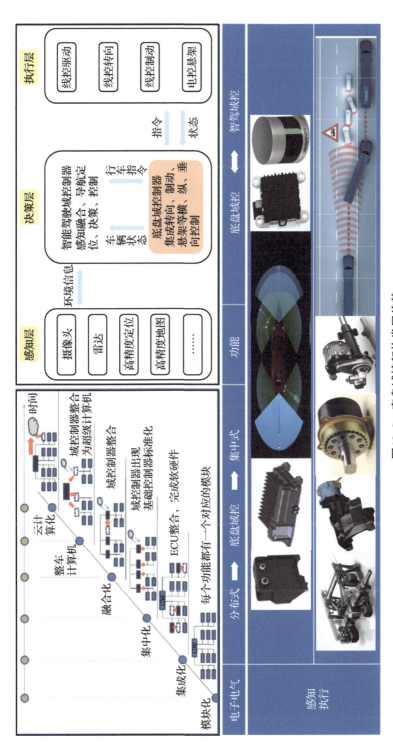

图13-2 底盘域控架构发展趋势

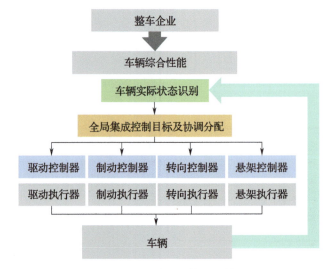

图 13-3　分层式控制架构

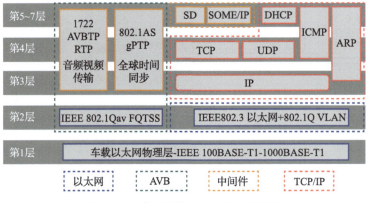

图 13-4　高速车载以太网的完整模型

新一代底盘架构需要能够支撑车辆实现自动驾驶，而在自动驾驶研发领域中，更需要进行重点关注的场景集中于对控制器和执行器的失效问题处理上，因此，底盘域的冗余尤为重要。一般来讲，为了做到真正的冗余控制，需要分别对控制端、执行端以及网络端进行双冗余设计。

在底盘域范围内，控制端可采用主控制器自动驾驶控制单元（ADCU）+辅助控制器（RCU）的方案，其中涉及 ADCU 与 RCU 之间的相互监控以及两者与关联执行器之间的交互控制逻辑。对于自动驾驶冗余控制而言，主要是考虑其ADCU 失效后，如何控制 RCU 采取安全措施。考虑到底盘域内的执行机构需要供电，因此，对于底盘域的供电，应采用双电源或其他储能方式来实现电源的冗余，保证电源单点失效的情况下，底盘域仍能够在冗余电源的供电下进行工作。同时，针对新一代底盘架构，底盘域通信网络应具备冗余能力，即在主通信网络故障或者被判定信号失效的情况下，备份通信网络仍能够正常通信，保证底盘域子系统和域控制器间的信号传输。

2. 商用车智能底盘系统架构关键技术路径

对于面向2025年的商用车智能底盘系统架构关键技术，基于实际需求和底盘系统架构发展趋势，未来的技术研究重点可以总结为以下几点。

1）研究面向高算力、高实时需求的新一代底盘域控架构，满足商用车电动化、智能化和网联化对底盘域控高算力和高实时性的需求。

2）研究高带宽低延时的高速车载通信系统，满足商用车智能化对数据传输的需求。

3）研究底盘域冗余架构，满足智能驾驶对供电、通信和控制的冗余需求，提升整车的安全性。

4）研究支持高复用性的底盘域控硬件平台，降低系统的复杂性，提升系统的运行效率。

3. 智能底盘系统架构技术评价指标

1）底盘域控制器最大通信网络数据传输速率≥5Mbit/s；

- 底盘域控制器一般涉及CAN、CAN FD通信。
- 自动驾驶域控制器一般涉及CAN、CAN FD、车载以太网和工业以太网通信。
- CAN总线通信速率是1Mbit/s，CAN FD通信速率为5Mbit/s，以太网可以达到100Mbit/s甚至1000Mbit/s，有些系统级芯片（SOC）还支持万兆以太网。

2）执行系统控制器随机硬件失效率≤10FIT；

3）主控制器综合算力≥200TOPS⊖；

4）诊断覆盖率≥99%；

⊖ 1TOPS 指每秒进行一万亿（10^{12}）次运算。

5）符合 ISO 26262:2018《道路车辆—功能安全》或 GB/T 34590《道路车辆—功能安全》系列标准。

2.2　商用车智能底盘控制技术

1. 智能底盘控制技术概述

在电动化、智能化和网联化技术的推动下，商用车底盘线控技术向域集成控制技术发展。围绕商用车底盘耦合动力学的纵向、横向和垂向集成控制将成为商用车底盘控制技术发展的重点。因此，需要对底盘域多维度动力学集成优化控制技术进行研究。结合多维度动力学集成控制，通过梳理、明确各层级任务及信号流，将整体架构进行层级划分，有效避免算力浪费。充分考虑多系统动力学在纵、横、垂三个维度上的耦合关系，建立统一控制目标模型。车辆底盘动力学纵、横、垂控制架构如图 13-5 所示。

针对车辆集成控制对车辆关键状态参数的需求，开发基于多维度信息融合的车辆关键状态参数识别算法，识别车辆关键参数，如参考车速、车轮载荷、路面附着系数及坡度等信息。为了保证相关算法在实际场景中的精度及鲁棒性，从传感器信号处理到算法逻辑制定，在考虑多工况适应性的同时，采用多维度信息融合的方式，提升估算结果的精确性及稳定性。

针对车辆集成控制技术建立能综合反映车辆纵、横、垂向耦合作用的完整动力学方程，准确描述车辆实际状态下的驾驶员期望。分析车辆多系统动力学耦合效应及轮胎与路面作用力的非线性特性，通过解耦子系统间的动力学耦合关系，合理分配轮胎力，改善车辆动力学性能并减轻驾驶员工作负荷，获得不同行驶工况下底盘纵、横及垂向动力学全局最优的控制响应。对于系统间耦合导致的纵、横、垂向动力学集成控制复杂度成倍增加这一问题，从控制系统的效果、实时性、控制精度等角度考虑，可采用基于子系统权重分配的协调控制或基于子系统优化分配的协调控制。其中，基于子系统权重分配的协调控制根据车辆状态、行驶工况、驾驶意图等信息，采用合适的控制算法对各个子系统的权重进行分配，其架构如图 13-6 所示。基于子系统优化分配的协调控制通过求解底盘系统优化目标函数，应用优化控制方法，实现对底盘子系统的协调控制，同样可以提高车辆底盘的全局动力学性能，其架构如图 13-7 所示。

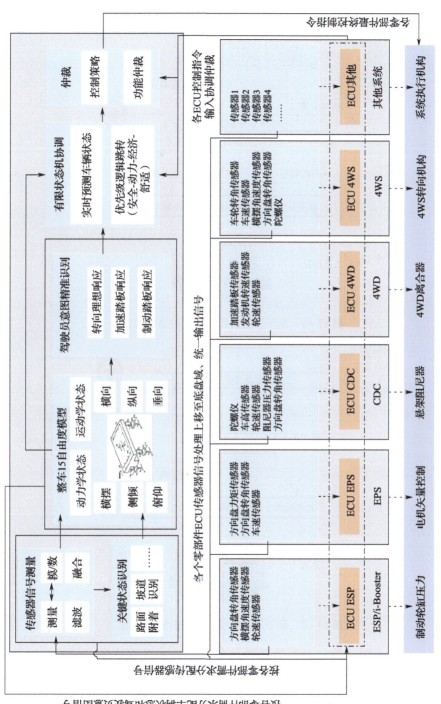

图13-5 车辆底盘动力学纵、横、垂控制架构

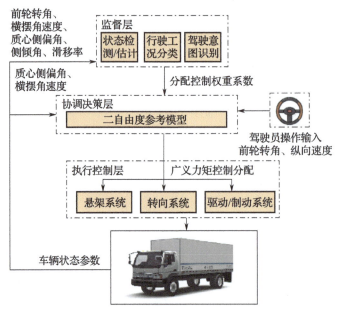

图 13-6 基于子系统权重分配的协调控制

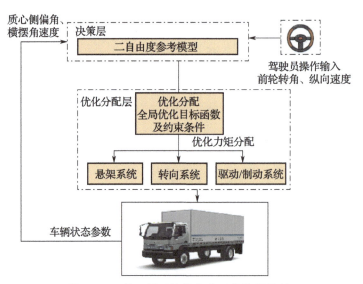

图 13-7 基于子系统优化分配的协调控制

考虑到轮胎纵、横向力不易观测及直接控制,可通过建立相关轮胎逆模型,将其转化为滑移率及侧偏角并有效实现纵、侧向轮胎力的解耦。最终将转换后的滑移率、侧偏角结合车身俯仰及侧倾角速度作为三维动力学统一特性模型输出的实际参考值,如图 13-8 所示。

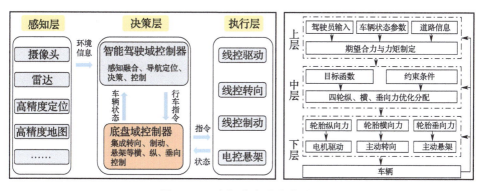

图 13-8 车辆底盘域集成控制

对于底盘域执行端的冗余控制，结合 SAE J3016《驾驶自动化分级》标准，可知对于高级别的智能驾驶，不仅需要系统内的冗余，更需要系统间能够实现动态支援。例如对于 L3 级别的自动驾驶，若某一系统完全失效，且驾驶员未能及时介入控制车辆，系统应能够通过系统间的动态支援，保证车辆可以安全靠边停车。具体到底盘域范围内，例如制动系统可通过差动制动的方式在转向系统完全失效的情况下实现对转向系统的动态支援，使车辆能具备一定的转向能力，实现车辆安全靠边停车，如图 13-9 所示。在新一代商用车智能底盘系统架构中，需研究开发系统间的相互冗余和动态支援技术，提升车辆的安全性。

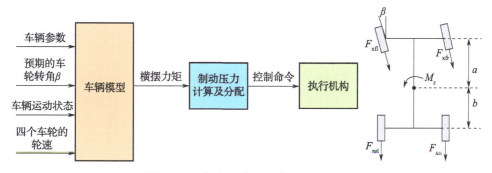

图 13-9 底盘制动系统动态支援控制

2. 商用车智能底盘系统控制关键技术路径

对于面向 2025 年的商用车智能底盘系统控制关键技术，未来的技术研究重点可以总结为以下几点。

1）研究基于多系统协调的车辆动力学集成控制技术，提升商用车的精确控制能力，满足智能化对车辆控制的需求。

2）研究基于分层架构的底盘协同控制、动力学参数估计技术，满足智能商用车集成控制对车辆状态参数准确获取的需求。

3）研究底盘线控系统间的相互冗余安全保障技术，满足 L3 级及以下等级的自动驾驶对系统安全的需求。

3. 智能底盘控制技术评价指标

1）纵向车速估算误差≤15%。

2）动态载荷估计准确率≥95%。

3）车辆稳定状态误判率≤8%。

4）驾驶工况辨识准确率≥90%。

3 底盘系统基础技术

3.1 商用车智能底盘综合安全技术

3.1.1 智能底盘综合冗余技术

1. 综合冗余技术

面向 2025 的商用车自动驾驶技术，一方面要求关键部件的可靠性足够高，另一方面则依赖冗余设计。目前业界普遍达成一致的是支持高速自动驾驶的汽车至少需要具备以下冗余。

1）通信冗余：当单一链路出现信号中断时，系统可实现信息的无缝安全衔接。

2）低压电源冗余：主电源失效后，备份电源能够支撑 ECU 完成安全降级动作。

3）感知冗余：多传感器数据融合技术可以保证车辆在行驶过程中精准实现对物体及行人的识别，从而支持车辆时刻做出正确的控制行为。

4）控制器冗余：两个控制器互相监督、互为备份，在主控制器故障发生时，备份控制器可及时接管。

2. 综合冗余技术指标

1）智能底盘控制器故障容错时间间隔（FTTI）≤20ms。

2）执行器全部冗余，全功能系统随机硬件失效率≤10FIT。

3）主-冗系统切换时间≤10ms。

4）驾驶员为动态驾驶任务的后备，当收到介入请求时及时接管全部动态驾驶任务，系统需具备双冗余。

3.1.2 制动和转向冗余技术

面向 2025 年，在商用车智能线控底盘中，线控制动系统和线控转向系统功能安全应满足 ISO 26262：2018《道路车辆—功能安全》中 ASIL D 级的要求，主动/半主动悬架功能安全应满足 ISO 26262：2018《道路车辆—功能安全》中 ASIL B 级的要求。

面向 2025 年，商用车智能底盘失效模式应对。

功能应达到以下能力当底盘控制系统单点失效时，底盘控制系统可执行报警、请求接管限速、本车道自动停车、本车道紧急停车等功能安全降级安全保护机制，保障 10s 动态驾驶任务接管者未接管时的安全自动驾驶。

当线控制动系统单点失效时，线控制动备份控制系统需具备 ABS 功能，当线控制动系统多点失效，系统退出电控制动时，需确保底盘制动系统随动可控。

当转向系统单点失效时，线控转向备份控制系统需具备助力转向功能，当线控转向系统多点失效，系统退出电子控制时，需确保底盘转向系统随动可控。

1. 线控制动冗余

线控制动系统依然以冗余 EBS 为主，冗余 EBS 主要通过增加不同的控制模块，以及主、备份控制系统来实现，主、备份系统在控制上独立，当主系统失效后，备份系统通过双通单向阀来控制主系统的执行气路，实现在一套系统失效后，另一套系统可迅速进入工作状态。面向不同等级自动驾驶的 EBS 冗余方案如图 13-10 所示。

面向 L2 级自动驾驶的 EBS 冗余方案，由单/双通道模块、ECU（主 ECU/前控 ECU/后控 ECU）、轮速/气压/ESC 传感器、单电源组成，CAN 通信是单路的（ECU 之间私有 CAN）。在安全模式下，EBS 关闭，无 EPB。

面向 L2 级和 L3 级自动驾驶的 EBS 冗余方案，在 EBS 的基础上增加了 EPB 模块。具备双路 CAN（ECU 之间私有 CAN），在主电源之外有备份的副电源，在安全模式下可实现系统功能降级，EPB 具有驻车应急（跛行）/ABS 控制功能。

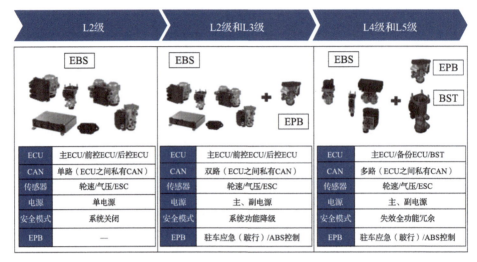

图 13-10 面向不同等级自动驾驶的 EBS 冗余方案

面向 2025 年的 L4 级和 L5 级自动驾驶的 EBS 冗余方案，在面向 L2 级和 L3 级方案的基础上，增加了制动信号传输器（BST，又称电控脚制动阀）。具备主 ECU/备份 ECU/BST、多路 CAN，在主电源之外有备份的副电源，在安全模式下可实现系统失效全功能冗余，EPB 具有驻车应急（跛行）/ABS 控制功能。

面向 2025 年，线控制动要实现以下功能：①实时监测软硬件故障；②电源、通信及控制双备份。冗余系统需确保在主控系统失效的情况下，备份系统依旧可以保障车辆进行降级操作，让车辆可以在本车道内或道路边停车。

2. EMB 制动冗余

EMB 是纯线控制动，可实现轮边解耦，在系统单点失效后，所有安全功能均可以保留，同时性能不降低；在多点失效导致某一轮边控制失灵的情况下，可以通过其他有效轮进行协同控制，使底盘保持制动的稳定性。

3. 线控转向冗余

面向 2025 年，基于功能开发流程对重型货车 EPS 系统及其关键部件进行开发，确保 EPS 系统满足功能安全目标。对 EPS 系统的电源、通信、传感器、微控制单元（MCU）、驱动电路、电机绕组等进行冗余设计，提升 EPS 系统的可靠性。线控转向冗余技术路径如图 13-11 所示，大转矩线控转向部分冗余技术如图 13-12 所示。线控转向实现冗余 EHPS 及 EPS，当前的冗余线控转向都基于双电机或双绕组电机,以及主、备份控制系统来实现,两套系统相互独立,在一套系统失效后,另一套系统可迅速进入工作状态,具体技术如下。

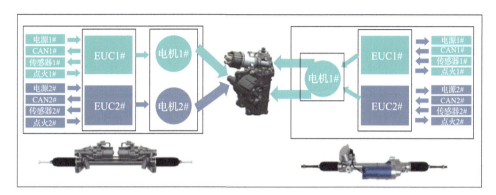

图13-11 线控转向冗余技术路径

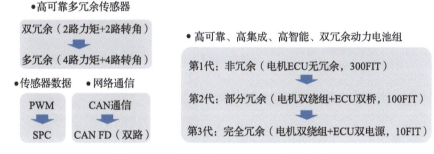

图13-12 大转矩线控转向部分冗余技术

对线控转向主冗转向切换控制策略进行持续优化,不断提升主冗转向切换性能。研究网络拓扑结构、通信延迟,识别主/冗故障状态,切换响应路径,减少切换时间,切换冲击和振动噪声等。

面向2025年,基于线控转向系统高实时性先进故障诊断方法,提升线控转向故障安全性能,分析线控转向系统失效模式与处理机制,研究线控转向系统高实时性故障诊断方法,并形成以线控转向、助力机械转向和无助力机械转向切换逻辑为核心的主动容错控制系统。

4. 线控制动和转向冗余技术指标

面向2025年,线控制动和转向冗余的技术指标如下。

1) 线控制动EBS冗余技术指标见表13-1。

表 13-1　线控制动 EBS 冗余技术指标

故障种类	故障部件	故障安全状态
元器件失效	电源	有效电源可满足 100% 的制动力需求，功能保持
	ECU	有效 ECU 侧满足 100% 的制动力需求，功能降级
	前、后模块	有效 ECU 侧满足 100% 的制动力需求，功能降级
	轮速传感器	有效 ECU 侧满足 100% 的制动力需求，功能保持
通信失效	MCU 通信、CAN 通信	有效 ECU 侧满足 100% 的制动力需求，功能保持

2）线控转向冗余技术指标见表 13-2。

表 13-2　线控转向冗余技术指标

故障种类	故障部件	故障安全状态
元器件失效	电源	有效电源可满足 100% 的助力需求
	ECU	有效 ECU 侧满足 100% 的助力需求
	电机	有效电机侧满足 50%~70% 的助力需求
	转矩传感器、电机位置传感器	电机输出满足 100% 的助力需求，控制效果不降低
通信失效	MCU 通信、CAN 通信	电机输出满足 100% 的助力需求

3.2　商用车智能底盘测试与评价技术

面向 2025 年，商用车智能底盘测试技术如下。

1. 搭建智能底盘综合测试平台

建立商用车横、纵、垂一体化控制性能的软件在环/硬件在环/驾驶员在环（SIL/HIL/DIL）全场景测试架构，形成完整的底盘多系统耦合测试开发流程。底盘系统测试台架包括制动系统测试台架、转向系统测试台架、悬架系统测试台架三个部分，同时，三个部分可以通过硬件耦合+底盘系统测试软件形成底盘域系统联合测试台架，从而构成测试系统，如图 13-13 所示。

2. 生成海量商用车测试场景

1）收集真实道路场景数据集，形成基础数据集。

2）基于基础数据集，增加合成数据集，且通过真实数据集对合成数据集中的道路模型进行验证。

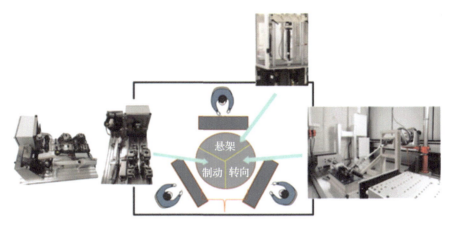

图 13-13　底盘系统测试台架

3）整合真实数据集以及合成数据集，通过聚类等方法对其进行统计评分、严重程度评价及相关标签生成，形成一个可持续更新的测试场景数据库。

联合行业共建"标准-数据-工具-平台"四位一体的仿真测试技术体系，针对算法、代码和软件，在完全虚拟的环境下，构建云算力海量仿真平台，加速安全测试。基于云算力，通过并行仿真的方式实现百辆、千辆甚至万辆虚拟车辆的并行测试，快速完成海量有效的测试和筛选，并针对筛选出来的场景，进一步通过硬件在环等技术手段完成后续的测试评价，持续扩大中国道路工况场景库规模，建设跨维度的仿真测试工具和应用平台。数据驱动的并行测试流程如图 13-14 所示，数据驱动的商用车测试场景过程如图 13-15 所示。

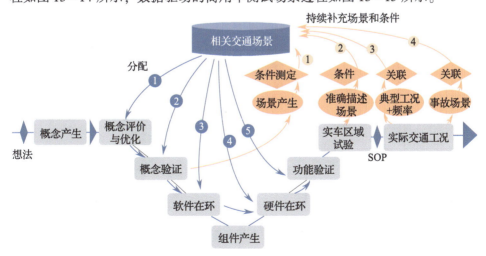

图 13-14　数据驱动的并行测试流程

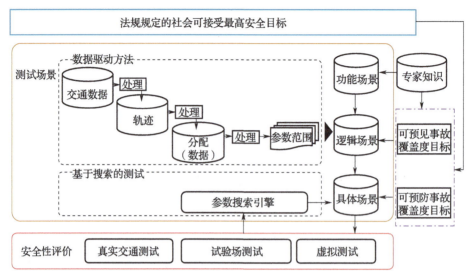

图 13-15 数据驱动的商用车测试场景过程

3. 搭建商用车测试环境

传统车辆的整车测试方法已经不再适用于现有的自动驾驶车辆，为了使车辆各个软硬件的结构满足设计需求，通过 X in Loop（软件在环、芯片处理器在环、硬件在环、车辆在环）的方式，分别验证整车性能、软件性能、硬件性能，以及静态及动态性能等车辆关键性能。商用车虚实测试如图 13-16 所示。

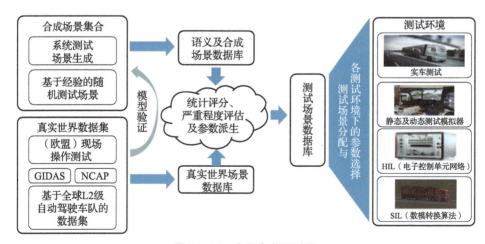

图 13-16 商用车虚实测试

4. 功能安全测试

针对功能安全包括预期功能安全，打通基础软件层和应用层的测试，在基础层和应用层之间形成链接。在软件测试中，将故障注入、资源占用及时序检测等危险测试与 X in Loop 结合进行融合测试。特别是将故障注入、资源占用及时序等危险测试与硬件在环和车辆在环模拟测试进行结合，做到用安全的测试手段去测试不安全的场景，使安全更加安全。

5. 搭建自动化测试系统

搭建底盘系统自动化测试系统，使其具备以下功能。

1）测试用例自动化执行。

2）打通测试上下游工具链，实现一键式自动化测试，如图 13-17 所示。

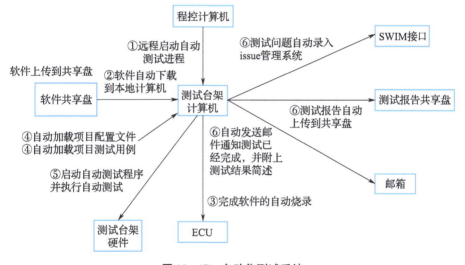

图 13-17 自动化测试系统

3）支持 ECU 特有测试用例的自动化测试，这类测试往往基于被测单元的固有特点，很难通过其他极端测试（集成测试/实车测试等），如功能全部激活时所表现出的最大 CPU 使用率、Bus Load >95% 时对高功能安全等级功能的影响等。

4）测试用例代码自动生成。

5）支持不同项目/平台的不同产品参数自动导入。

6. 设计平台化线控底盘测试平台

设计平台化的线控底盘测试平台，包括以下主要任务。

1）开发虚拟网关，完成不同通信定义的转发，特别是针对基于中央超算的新一代 EE 架构；开发基于以太网协议的仿真网关，并开发上移至中央超算的逻辑功能测试用例，完成最终的测试。

2）使台架保留更换 ECU 及相关执行机构的能力，以应对不同项目采用不同供应商的产品带来的差异。

7. 商用车智能底盘测试技术评价指标

到 2025 年应达到以下水平。

1）建立场景/标准与工具链集成一体化的数字化测试平台。

2）具备完整的零部件级测试能力。

3）具备完整的整车级测试能力。

第14章 公路重型货车产品平台

1 重型货车运行场景

1.1 场景类型

公路重型货车是公路干线物流运输的主力军。干线运输是指在运输网中起骨干作用的运输线路,跨越省、区(市)的公路运输线所完成的货物运输称为公路干线物流运输。干线运输道路包括高速公路和城市快速路,行驶环境较为简单,其行驶速度主要为60km/h甚至更高。高速公路货车自动驾驶运行场景旨在解决公路干线物流运输的几大突出问题:物流人力短缺、人力成本高、车辆能耗高、交通事故频发(多为驾驶员疲劳驾驶等人为因素引起)等。

高速公路自动驾驶货车运输作业场景可以划分为装卸载作业场景、运输作业场景和作业保障场景。其中,作业保障场景包括燃料能源补给、车辆及自动驾驶系统维修养护等。对于高速行驶货车的队列跟驰,还涉及队列组成、分离区域等特种区域。从自动驾驶的应用角度出发,需要自动驾驶货车实现货运全流程监控,与叉车、吊车、岸边集装箱起重机等其他工程机械之间协同作业,与车队管理运营、货运任务规划管理、园区运营管理、车联网等多平台配合,支撑自动驾驶货运的安全运行。重型货车高速公路运行场景如图14-1所示。

1. 装卸载作业场景

自动驾驶货运装卸载作业是指空载货车、装卸载设备(挖掘机等)以及云平台间相互配合,实现空载货车、队列进入装卸载点,装卸载设备完成货物的装卸载或空载牵引车完成半挂车交换,货车再驶离作业点的工作流程。在该场景下,货车、装卸载设备、云平台需要明确整个装卸载作业流程(包括可作业区域确认、入场、装卸载、出场等步骤)。货车根据云平台规划的作业任务,结合对周围环境的感知,自动行驶至装卸载区,同时将自车的实时状态信息和任务信息转送至装卸载设备管理平台,平台转送至装卸载设备。同样,装卸载设备也需将实时状态信息和任务信息通过相关平台转送至货车,从而实现高效配合作业。

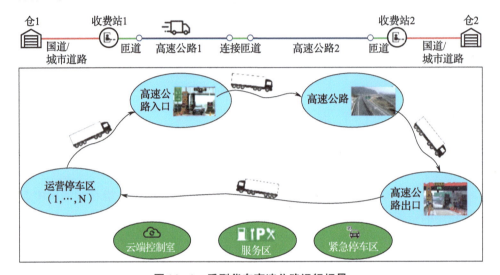

图 14-1　重型货车高速公路运行场景

2. 运输作业场景

自动驾驶货车根据货运任务平台的任务规划及自主路径规划,结合环境感知信息,在一般城乡道路及高速公路上自主运行,实现高速公路辅助(HWA)、高速公路引导(HWP)、自主换道(ALC)等自动驾驶功能,如图 14-2 所示。在行驶过程中,自动驾驶货车通过车联网技术,实现与其他车辆(包括无人、载人车辆)、路侧设备和云平台的信息交互,提高了自车及货物的安全性和可追踪性。

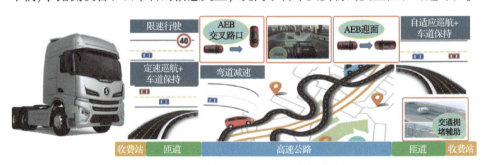

图 14-2　重型货车高速公路自动驾驶场景

3. 作业保障场景

在作业过程中，云平台会基于定期维护任务及车辆自车系统的自检状态，安排相应的维修、保养和设备零部件更换工作，以保障货运业务安全有效地运行。

自动驾驶干线物流在应用过程中会涉及园区、一般道路、高速公路等复杂场景，其中，高速公路部分的总里程占比非常高，而一般道路则受物流相关枢纽所在区位的影响，远离城市核心区域。因此，自动驾驶干线物流被认为是最早可能实现商业化规模应用的领域。为了实现自动驾驶车路协同，提升系统整体的智能化程度及安全性，需要进一步开展基于真实业务场景的高速公路自动驾驶车路协同货运验证工作，明确什么是自动驾驶货运在业务、技术、成本控制、能源消耗及效率提升方面真正需要的技术。

1.2 场景需求

公路重型货车车速以中高速为主，平均为 60～100km/h，中高速车辆对自动驾驶控制策略的要求较高。干线自动驾驶车辆在不同经纬度、四季变换、昼夜交替的自然环境中行驶，自然环境特征导致运行场景复杂，感知硬件需克服自然环境所带来的技术难题。干线场景虽大多为高速干道，却也会有行人、动物等其他交通参与者；此外，隧道、桥洞、山路等路况增加了自动驾驶场景的复杂度。因此，干线物流重型货车需满足以下要求。

1. 安全性

为保证干线自动驾驶物流重型货车的行驶安全，环境感知传感器对本车前方障碍物的探测距离理论值应大于100m，且应能适应雨、雪、雾、风、强光等复杂环境特征，确保干线自动驾驶物流车在高速公路上行驶的安全性。同时，车辆应具备合理的风险最小化模式设置和人机界面交互逻辑，保证车辆面对极端场景时的安全性。车辆应具备驾驶辅助功能，例如自动紧急制动和车道保持功能，以保证面对危险场景时可提供应急响应。车辆应具备极限状况的安全辅助系统，通过横、纵、垂协同控制，确保车辆的安全行驶。车辆底盘应可实现部件免维护或预见性维护功能，当底盘电控系统出现单点失效时，底盘系统的冗余设计应能够使车辆保持平稳的行驶状态。

2. 经济性

自动驾驶物流重型货车虽可减少运营成本，却因车辆额外配置的传感器和计算单元等导致车辆成本大幅度增加。自动驾驶在研发过程中应综合考虑人力成本、能耗成本的下降和车辆成本的增加，以确保实现车队成本降低的需求。车辆可以通过降低电动部件的功耗，提高能量转换效率以及其他节能控制来降低行驶过程中的能量消耗，实现节能、低碳的目的。

3. 舒适性

通过对车辆自身动态的精确控制，实现车辆垂向振动加速度抑制、变道过程的横摆运动控制，以及加速、制动时的俯仰加速度抑制，提高驾乘人员的乘坐舒适性，降低长途行驶所带来的疲劳感。

2 重型货车底盘关键子系统

底盘线控技术是实现商用车自动驾驶和辅助驾驶功能的关键基础技术。底盘线控技术包括执行系统技术和线控集成控制技术两大部分。下面分别对重型货车高冗余线控制动、大力矩线控转向、高功率集成电驱、主动悬架进行介绍。

2.1 高冗余线控制动

商用车制动系统目前有两条技术路线：电控气压制动系统和电控机械制动系统。其中，电控气压制动系统很早就已经开始量产装车，电控机械制动系统尚处于研发阶段。

2.1.1 电控气压制动系统

牵引车及载货车的 4S/4M 电控气压制动系统（又称气压 EBS）架构如图 14-3 和图 14-4 所示。

典型的 4S/4M 气压 EBS 由制动主缸、挂车控制阀（仅牵引车配备）、ABS 电磁阀、单通道轴模块、双通道轴模块等部件组成。其中，核心部件是单通道/双通道轴模块。

1) EBS 中单、双通道轴模块为电控气压电磁阀，采用了高灵敏度、长寿命设计。单通道轴模块能够控制前桥的制动压力，由加压阀、减压阀、备压阀、继动阀和压力传感器组成。这些电磁阀和传感器由单通道轴模块内置的 ECU 控制。图 14-5 为单通道轴模块结构示意图。出气口压力由继动阀控制气压力决定。

第14章 公路重型货车产品平台

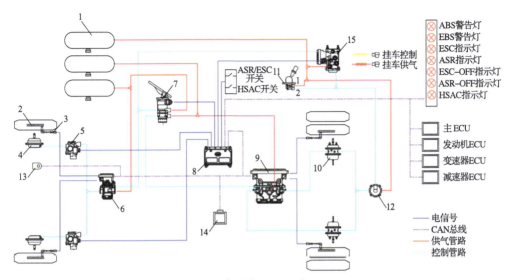

图14-3 牵引车4S/4M气压EBS
1—储气筒 2—齿圈 3—轮速传感器 4—制动气室 5—ABS电磁阀
6—单通道轴模块 7—电子制动阀 8—中央控制器 9—双通道轴模块 10—弹簧制动缸
11—手制动阀 12—继动阀 13—方向盘转角传感器 14—横摆角速度传感器 15—挂车控制阀

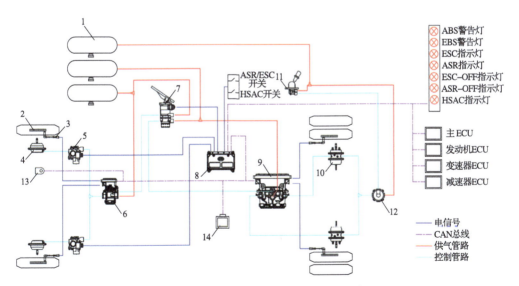

图14-4 载货车4S/4M EBS/ESC系统
1—储气筒 2—齿圈 3—轮速传感器 4—制动气室 5—ABS电磁阀 6—单通道轴模块
7—电子制动阀及制动主缸 8—中央控制器 9—双通道轴模块 10—弹簧制动缸
11—手制动阀 12—继动阀 13—方向盘转角传感器 14—横摆角速度传感器

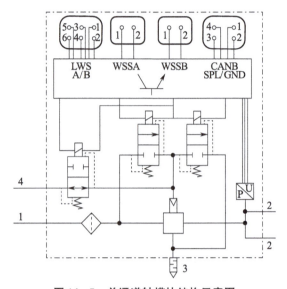

图 14-5　单通道轴模块结构示意图
1—进气口　2—出气口　3—排气口　4—控制口

单通道轴模块有电控和气控两种工作模式，两种工作模式的切换由备压阀动作实现。系统处于电控制动模式时，备压阀动作而切断备压，继动阀控制气压力由加压阀和减压阀决定：需要加压时，单通道轴模块内置的 ECU 控制加压阀动作，继动阀控制气压力增加，进而出气口压力增加；反之，减压阀动作，出气口压力降低。

电控模式出现故障时，系统进入气控状态，制动阀备压通过继动阀控制轴模块实现制动。

2) EBS 能实现制动的完全解耦，协调气压制动力与电机回馈制动力，可以实现不同的制动能量回收策略，一般有以下两种策略，如图 14-6 所示，一种

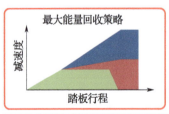 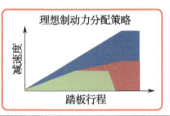

低强度制动	前轮无制动，后轮全部由电机制动	前轮气压制动，后轮全部由电机制动
中等强度制动	前轮气压制动，后轮为气压+电机制动	前轮气压制动，后轮为气压+电机制动
紧急制动	前后轮均为气压制动，无电机制动	

图 14-6　EBS 制动能量回收策略

是理想制动力分配策略,另一种是最大能量回收策略。根据车型和安全目标不同可以选择不同的策略。

2.1.2 电控机械制动系统

1. EMB 的工作原理

图 14-7 所示是浙江万安与瑞典瀚德合作开发的瀚德万安 EMB 系统。

图 14-8 和图 14-9 所示是采用 EMB 的商用车全线控制动系统(braking by full wire),整个系统采用全线控和电机驱动制动钳,系统的制动电能由车载 24V 蓄电池提供。当驾驶员实施行车制动时,踩踏电控制动踏板会分别输出给前制动控制单元轴控模块 1 (ACM1)

图 14-7 瀚德万安 EMB

和后制动控制单元轴控模块 2(ACM2)控制信号,两个 ACM 会依据电控踏板输出信号的大小及车速、轴荷等情况,分别对前、后各自的两个 EMB 制动钳发送控制信号,该信号操控制动钳电机输出不同的转矩,该转矩被制动钳内部的机械减速装置进一步增大后传输给制动盘,最后使车辆减速或停车。

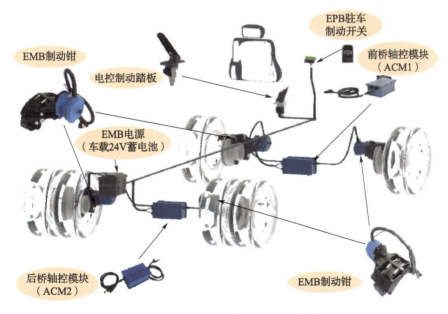

图 14-8 商用车全线控制动系统构造

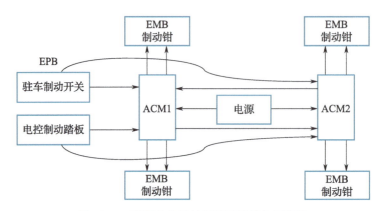

图 14-9　商用车全线控制动系统简化示意图

当驾驶员对车辆实施驻车制动时，手动操控驻车制动开关向 ACM 发送单独的信号，该信号控制 ACM 内部的驻车专用模块向制动钳电机输入单独的驻车制动控制信号，在电机和系统断电时释放机械锁紧装置保证车辆驻车。

制动过程中，系统从前、后 ACM 内的储能电池中获得电能，当储能电池电压降低到一定值时，车辆上的 24V 蓄电池会按控制要求向其充电。

2. EMB 的优势

电子机械制动系统已经成为行业未来发展的主流趋势，其优势如下。

1）由于 EMB 制动系统的控制与驱动都通过电信号实现，相比传统的气压制动系统能大大减少车辆制动的反应时间，提高制动效能，缩短制动距离。

2）EMB 系统比传统的气压制动能实现更多的冗余保护功能，当前轴或后轴制动出现故障时，正常工作的 ACM 会接管控制有故障的 ACM，同样，驻车制动也可以实现类似的对前、后驻车制动的冗余保护功能。

3）由于 EMB 制动反应快，在车辆减速滑行过程中就可以采用行车制动晚介入控制逻辑，使驱动电机拖滞时间加长，充分输出再生电能，因此，EMB 能提高再生制动利用率。

4）取消气压管路布置，结构布置更为简洁。

5）EMB 更易于进行软件功能扩展。

6）控制器可集成于底盘域控制器，直接对四个轮端制动器独立控制，四个轮端制动器互为冗余，可以满足 L3 级及以上的自动驾驶的技术要求。

3. EMB 关键部件的设计开发

(1) 电子制动踏板

EMB 采用电子信号进行控制，制动踏板与轮端执行机构完全解耦，因此，在EMB工作时，制动信号及踏板感觉模拟均需要由电子制动踏板机构来完成。电子制动踏板的设计应该满足制动踏板感觉良好、易于布置、具备安全冗余等要求。

（2）传动机构

在EMB系统中，滚珠丝杠承受电机转矩变直线推力的作用，制动时直接承受夹紧力。行星齿轮机构承受减速增矩的作用。上述机构在设计时应满足高传递效率、轻量化、易于布置等要求。

（3）电机及传感器

电机及传感器是EMB执行机构的核心部件，在设计时应满足电机响应速度快、精度高等要求。

（4）控制器

为满足智能网联化的要求，EMB控制器需要满足高计算速度、高集成化、互为备份等要求，既能控制单个EMB工作，又能控制整个系统的EMB协调工作。

2.1.3 线控制动系统冗余架构

1. EBS冗余架构

图14-10所示是一种低成本气压EBS冗余方案。

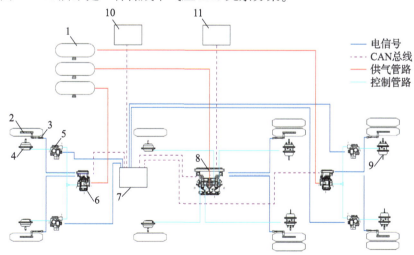

图14-10 一种低成本气压EBS冗余方案

1—储气筒 2—齿圈 3—轮速传感器 4—制动气室 5—ABS电磁阀
6—单通道轴模块 7—中央控制器 8—双通道轴模块 9—弹簧制动缸
10—自动驾驶控制器1 11—自动驾驶控制器2

该 EBS 冗余系统采用图 14-11 所示的双电源双 CAN 线架构。BAT A 及 BAT B 为双电源，由车辆提供。BAT A/B 电源均接入中央控制器。BAT A 为主电源，BAT B 为备用电源。中央控制器的电源输出 POWER_DM 及 BAT B 作为双通道轴模块的双电源。其中，POWER_DM 作为主电源，BAT B 为备用电源。VCAN A 及 VCAN B 为双 CAN 线，分别连至 ADV 和备用 ADV。在系统中，VCAN A 连至中央控制器，VCAN B 连至双通道轴模块。VCAN A 为主 CAN 网络，VCAN B 为备用 CAN 网络。

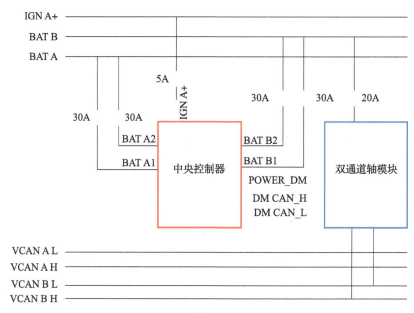

图 14-11 双电源双 CAN 线架构

2. EMB 冗余架构

面向 2025 年的商用车智能底盘，EMB 具有双电源、双通信、控制器冗余、传感器冗余、双绕组电机冗余设计，一路失效，另一路仍能工作，保证车辆可以安全停车。

2.1.4 高冗余线控制动技术指标

面向 2025 年的高冗余线控制动技术指标如下。

1. EBS 指标

1) 单通道轴模块

开启时间为 4ms，寿命达 1000 万次。

2) 制动反应时间：

①所有制动气室压力达到稳态值75%所经历的时间<0.39s。

②控制管路压力达到稳态值10%所经历的时间<0.19s。

③控制管路压力达到稳态值75%所经历的时间<0.39s。

④最不利制动气室压力达到稳态值75%所经历的时间<0.5s。

⑤触发制动踏板到整车制动减速度开始建立的时间<0.3s。

3) 整车制动效能：

①60km/h初速度制动距离<26.5m。

②制动平均减速度≥6.5m/s²。

4) 制动跑偏量<0.3m。

5) 行车制动部分失效：

①前制动回路失效制动平均减速度≥3.7m/s²。

②后制动回路失效制动平均减速度≥2.5m/s²。

6) 第9次制动应急减速度>4m/s²。

7) 整车制动抗热衰退率<14%。

8) 动态驻车制动减速度>3m/s²。

9) 最大驻车坡度达到20%。

10) 低附着力路面制动性能：

①附着系数利用率大于85%。

②低附着力路面制动稳定性：不超出行驶车道。

11) 制动能量回收率≥15%。

12) 减速度控制精度≤12%。

13) 功能安全等级达到ASIL D级。

14) 冗余备份切换时间<10ms，故障容错时间<10ms。

15) 硬件失效率≤10FIT。

16) 系统工作环境温度为 -40~80℃。

17) 防护等级为IP69K。

18) 冗余通信接口为CAN×N。

19) 双冗余电源，ECU备份。

2. EMB指标

1) 系统响应时间≤0.25s。

2）减速度控制精度≤12%。

3）附着系数利用率≥80%。

4）升压制动压力梯度≥70kN/s。

5）降压制动压力梯度≥70kN/s。

6）总成制动力矩≥22000N·m。

7）能量回收效率≥15%。

2.2 大力矩线控转向

商用车在快速向着新四化（电动化、网联化、智能化、共享化）发展，新四化给汽车底盘的迭代和进化带来了新的推动力。在新四化中，对转向系统发展推动作用最大的是智能化和电动化。汽车转向系统向电动化发展的过程经过了机械转向机（MSG）、机械液压助力转向（HPS）、电控液压助力转向（EHPS）、电动助力转向（EPS）、纯线控转向（SBW）几个阶段。而智能化的发展则体现在伴随着自动驾驶的发展，响应快、精度高、多冗余、高安全的线控系统成为转向系统的未来。

针对重型货车的重载载荷特点，目前潜在的线控转向系统解决方案包括电磁阀式液压助力转向（EVHPS）、电动泵式液压助力转向（EPHS）、EHPS、EPS、SBW。

2.2.1 重型货车电控液压助力转向系统

与乘用车相比，商用车转向技术需要克服重载、长轴距及多轴转向等难题。现有的电控液压助力转向系统基于传统的液压助力转向系统改造而来，具有线控转向功能，是当前商用车自动驾驶应用的主流。

电磁阀式液压助力转向系统在 HPS 系统的基础上增加了控制液体流量的电磁阀、车速传感器（信号）、改进的阀体以及转向控制器。电磁阀式液压助力转向系统如图 14-12 所示。

电动泵式液压助力转向系统在 HPS 系统的基础上增加了电动泵以替代传统泵，还增加了车速传感器（信号）、转角传感器（信号）以及转向控制器，如图 14-13 所示。电动泵式液压助力转向的重要特点是将原来由发动机驱动的液压助力泵改为由电动机驱动。

该系统的液压储油罐、液压泵、电动机和转向控制单元都集成在电动泵组内。工作时，转向控制单元根据汽车的行驶速度和方向盘转向角度等输入信号

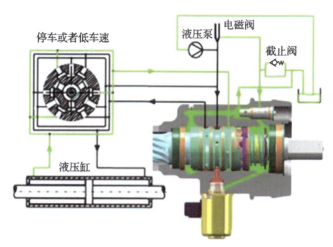

图 14-12　电磁阀式液压助力转向系统

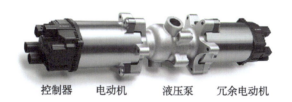

图 14-13　电动泵式液压助力转向系统中的典型电动泵

计算出理想的输出信号，控制电动机输出适当的功率，驱动液压助力泵工作，通过液压油为转向器提供助力。

当汽车低速行驶时，转向控制单元控制电动机输出较大的转矩，使驾驶者可以轻松地转动方向盘；当汽车高速行驶时，转向控制单元控制电动机输出较小的转矩，这样驾驶者在操纵方向盘时就比较稳定。由于电动机的转速可调，可以即时关闭，因此，与纯液压助力转向系统相比，它节省了发动机的燃油消耗，提高了经济性。

电动泵式液压助力转向系统尽管在液压助力转向系统的基础上有了较大的技术改进，但液压装置的存在使得该系统仍有难以克服的缺点，如存在渗油、不便于安装维修等。虽然实现了变助力特性，但该系统在液压助力系统的基础上又增加了电子控制装置，使得系统结构复杂，成本增加。由于电动泵式液压助力转向系统技术较为成熟，可以实现整车电控系统的一体化，作为传统液压助力转向系统向电动助力转向系统过渡的中间技术，在一定时间内还将继续得到应用和发展。

电控液压助力转向系统（EHPS）在 HPS 系统的基础上增加了电动动力单元、车速传感器（信号）等。动力单元内集成了电动机、力矩传感器、控制器等。电控液压助力转向系统外观如图 14-14 所示。

EHPS 有两种布置位置，一种布置在管柱端，另一种直接和 HPS 集成。第一种对于空间局促的商用车驾驶室更难布置，而第二种更为常见。

电控液压助力转向系统依然采用发动机驱动液压泵的方式提供动力，其重要特点是可以在几乎不改变 HPS 结构的基础上实现电动化。

EHPS 工作时，转向控制器根据汽车的行驶速度和方向盘转向力矩、转向角度等输入信号计算出理想的输出信号，控制电动机输出适当的转矩，驱动 HPS 工作，最后通过液压油为转向器提供助力。

当汽车低速行驶时，转向控制单元控制电动机输出较大的转矩，使驾驶者可以轻松地转动方向盘；当汽车高速行驶时，转向控制单元控制电动机输出较小的转矩，使驾驶者在操纵方向盘时比较稳定。

电控液压助力转向系统相比液压助力转向系统有了巨大的技术改进，该系统在结合了 EVPS 和 EPHS 优点的同时，比这两种类型能够更容易实现更多的高级转向功能。

由于电控液压助力转向系统技术较为成熟，可以实现整车电控系统的一体化，和 EPHS 一样，作为传统液压助力转向系统向纯电动助力转向系统过渡的中间技术，在一定时间内还将继续得到广泛的应用和巨大的发展。

同时，EHPS 比 EPHS 更容易实现高级功能，在智能化方面具有更高的适应性。

图 14-15 所示是新型电控液压循环球转向器外观，该转向器在原有的循环球式转向器的基础上叠加一套传感器 – 减速增矩机构 – 助力电动机 – 控制单元总成。工作电压为 12V 或 24V，电动机功率为 400~800W，中、重型货车系统

图 14-14　电控液压助力转向系统外观　　图 14-15　新型电控液压循环球转向器外观

输出力矩在 9000N·m 以内,转向精度为 ±1°,转向速度 ≤540(°)/s,响应时间 ≤50ms。适用于前桥负荷在 4~9t 的重型运输车。

2.2.2 电动循环球转向系统

电动助力转向是未来商用车线控转向技术的发展方向,目前,商用车 EPS 多采用电动循环球转向器,相比于 EHCS 和 ESPS 系统省去了液压泵/电动液压泵、储油罐和油管等零部件,具有系统简单、质量轻、响应快、控制精准等优点。转向助力由原来的液压助力转变为电动机助力,控制器直接控制电动机产生助力。电动循环球转向系统架构如图 14-16 所示。

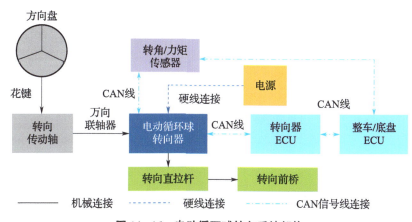

图 14-16 电动循环球转向系统架构

GB 17675—2021《汽车转向系基本要求》中提出:取消对全动力转向的限制;转向系统的发展趋势由 HPS 向 EHPS、EPS 发展,最终发展到完全线控转向(SBW),如图 14-17 所示。

图 14-17 商用车转向系统发展趋势

2.2.3 系统硬件架构

线控转向系统硬件架构如图 14-18 所示。采用双绕组或多绕组无刷直流电动机,转子为永磁铁氧体。在人工驾驶模式下,EPS 处理器基于车速、输入力矩、方向盘转角等信号,判断当前工况,通过控制电流,使电动机转矩达到目标状态;智能驾驶模式下,智能驾驶控制器控制整车控制器(VCU),VCU 通过 CAN 网络控制 EPS 处理器,使整车按照智能驾驶控制器的意愿保持直线行驶或调整车辆行驶方向。

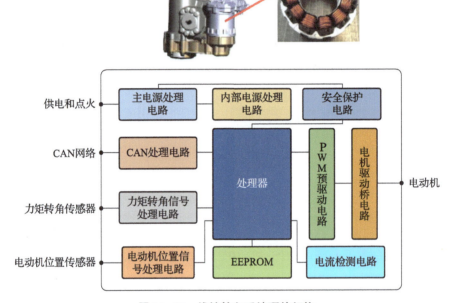

图 14-18 线控转向系统硬件架构
EEPROM—电可擦除可编程只读存储器 PWM—脉冲宽度调制

2.2.4 全冗余电控架构

控制器冗余架构设计要点如下。

1) MCU 间通信冗余设计,支撑交叉诊断、冗余管理和故障容错。

2) 电动机控制及驱动冗余的路径:电动机双绕组或多绕组连接电动机驱动路径,每个电动机驱动路径对应三相绕组、逆变桥、预驱芯片、电流采样、电动机位置信号采样、母线电源供电、温度输入等环节,形成冗余架构。

3) 每侧有独立冗余的电机位置传感器(MPS)输入,单侧可交叉检测

(Cross – Check）及诊断。

4）底盘转向动力学控制分为两个互为冗余的控制路径，每个控制路径对应力矩信号输入、转角信号输入、电源信号输入、外部通信信号输入等，这些环节形成冗余架构。

5）每侧有独立冗余的力矩转角输入，单侧可 Cross-Check 及诊断。

2.2.5 集成一体化的电驱动单元总成设计

集成一体化电驱动单元总成外观如图 14 – 19 所示。集成一体化的电驱动单元总成包括冗余双绕组或多绕组电动机、冗余控制器总成、冗余 MPS。

图 14-19　集成一体化电驱动单元总成外观

2.2.6 大力矩线控转向指标

面向 2025 年，大力矩线控转向系统应满足的指标如下：

1）转向系统响应时间 <30ms。

2）方向盘转向稳态误差 <1°。

3）转向角速度 >400(°)/s。

4）最大输出力矩达到 8800N·m。

5）功能安全等级达到 ASIL D 级。

6）冗余切换时间 <50ms。

7）故障容错时间 <50ms。

8）硬件失效率 ≤10FIT。

9）工作环境温度为 -40 ~ 125℃，135℃ 短时工作不损坏。

10）防护等级：IP69K。

11）冗余通信接口：CAN × N。

12）冗余电源和电源管理芯片（PMIC）独立设计。

13）冗余电动机驱动控制集成电路（IC），保证电动机驱动安全可靠。

14）冗余电动机位置检测，保证位置检测可靠。

15）电动机断相保护控制，保证双绕组断相功能独立。

2.3 高功率集成电驱

2.3.1 电驱系统介绍

电驱系统的构型根据电机布置方式的不同,大致可分为轮边/轮毂电机驱动桥、中央驱动式电驱动桥和集成式电驱动桥三种类型。

轮边/轮毂电机驱动桥采用高度集成化的电机、减速器及传统驱动桥,取消了传动轴和差速器。由于其采用了电子化差速传动,故传动效率高,且占用的空间小,使动力电池布置更加方便,但其簧下质量较大,对于整车操控性不利,且电子差速控制难度大。轮边/轮毂电机驱动桥外观如图14-20所示。

中央驱动式电驱动桥将驱动电机与变速器集成在一起,代替传统的发动机和变速器,但仍需要传动轴及传统车桥。在布置形式方面,该种电驱动桥与传统汽车的动力总成相近,但传动路线长,能量损耗较大,系统效率低;同时,中央驱动式电驱动桥占据大量底部空间,导致动力电池布置困难。中央驱动式电驱动桥外观如图14-21所示。

图14-20 轮边/轮毂电机驱动桥外观

图14-21 中央驱动式电驱动桥外观

集成式电驱动桥又称同轴电驱动桥,该种电驱动桥将传统驱动桥和电机集成在一起,电机经过减速增矩后直接作用于驱动车轮,节省了以往的传动轴、悬置支架等零部件,使得装车的成本变低,传动效率高,占用的空间小,且更方便于动力电池的布置。而在NVH方面,该种电驱动桥效果较差,且簧下质量大,使得整车的可操控性不高。集成式电驱动桥外观如图14-22所示。

图14-22 集成式电驱动桥外观

以上三种电驱系统受其技术复杂程度、空间利用率、成本、效率、结构适配性、应用场景、成熟度等因素影响而具有不同的优劣势,目前来看发展趋势如下。

1)重型商用车领域仍以中央驱动式电驱动桥作为主流技术路径(现今—2025年)。

2)集成式电驱动桥技术将快速渗透(2025年爆发)。

3)现阶段,轮边/轮毂电机驱动桥不是商用车市场的主流产品(预计2030年后开始应用)。

2.3.2 新能源重型货车电驱系统技术特点

面向2025年,新能源重型货车电驱系统的主要技术特点可以总结为以下几点。

1)采用多电机集成技术,具有单/双电机方案,开发模块化、轻量化、紧凑型、高功率密度、高转矩密度的电驱动桥产品,满足高电压平台、充分考虑通用性。

2)电机带有制动能量回收功能,满足制动冗余需求。

3)采用高效、集成、智能的热管理系统,优化电驱动桥机械部分冷却结构设计、智控电机、逆变器冷却系统,减少电驱动桥热耗损失,提升电驱动桥的电机性能和整桥效率。

2.3.3 高功率集成式电驱系统技术指标

面向2025年,商用车高功率集成式电驱系统技术指标见表14-1。

表14-1 商用车高功率集成式电驱系统技术指标

核心指标	2025年预测指标
电机功率(峰值60s)/kW	300
电机功率(峰值30min)/kW	200
整桥输出转矩峰值/N·m	55000
功率密度/(kW/kg)	0.65
转矩密度/(N·m/kg)	60
控制器簧下集成布置	物理集成
B10寿命[①]/万km	150(牵引)
最高效率(%)	92

① B10寿命指10%的零部件失效的时间或行驶里程。

2.4 主动悬架

随着智能网联技术的发展,用户对车辆操纵稳定性及乘坐舒适性的要求也越来越高,而现阶段主流商用车所采用的被动式悬架由于刚度和阻尼不可调,当遇到路面不平度较大的情况时,会大大降低驾驶员或乘客的乘坐舒适性,被动式悬架已经逐渐无法满足未来智能底盘发展的需求。

针对智能底盘的需求,线控悬架系统的概念被提出。线控悬架系统由传感器识别车辆的行驶状态,处理器处理并输出不同的弹性特性,通过线控方式让弹性元件系统执行,从而实现舒适或运动的悬架特性。在悬架系统中,两个最重要的参数为刚度和阻尼。根据刚度和阻尼的可调节性,悬架系统又分为被动悬架系统、半主动悬架系统和主动悬架系统三种类型,如图 14-23 所示,线控悬架一般为半主动悬架或主动悬架。

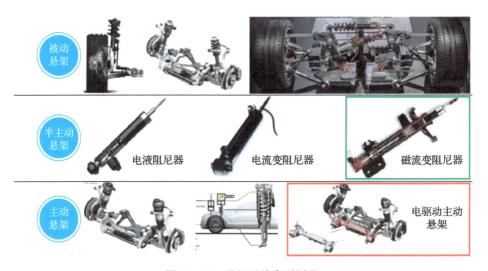

图 14-23　悬架系统类型划分

相较于被动悬架系统的刚度和阻尼参数不可调和半主动悬架系统可以适度调节一部分刚度或者阻尼,主动悬架系统可在车辆行驶过程中,将传感器实时采集到的路面及车辆信息发送给 ECU,ECU 计算后再给执行机构发出相应的控制指令,将悬架刚度和减振器阻尼力调节到合适值,使车辆的操纵稳定性及平顺性达到最优状态。在车辆行驶过程中,通过主动悬架系统对车身高度进行相应调节也是主动悬架重要的控制功能之一。

2.4.1 主动悬架系统路线

目前主流的主动悬架系统分为三类：空气悬架、连续减振控制（CDC）悬架和电磁行驶控制（MRC）悬架（一般称为电磁悬架）。

典型主动电控空气悬架系统如图 14-24 所示，其通过传感器获取车辆的加速度、气囊高度等信号，并将信号由 CAN 总线传递给空气悬架控制器，控制器对采集的信号进行运算处理，判断车辆行驶状态，发送指令来控制悬架刚度、阻尼及车身高度，从而提高汽车的行驶平顺性和操纵稳定性。主动电控空气悬架系统实车安装效果如图 14-25 所示。

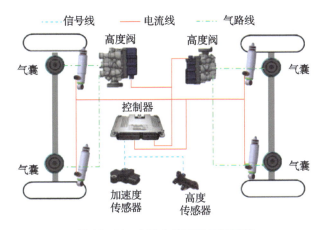

图 14-24 主动电控空气悬架系统

图 14-25 主动电控空气悬架系统实车安装效果

空气悬架利用空气的可压缩性，用空气弹簧实现了类似于钢制螺旋弹簧的作用，通过调节空气压力来改变悬架的高度和刚度，空气弹簧结构如图 14-26 所示。通过空气弹簧调节刚度，通过电控减振器调节阻尼，从而实现对车辆行驶性能和舒适性能的调节。空气悬架系统的优点是舒适性高、操控性好，缺点是结构复杂、成本高、耐久性有待考验。同时，由于空气弹簧的作用介质为空气，气压变化存在一定的滞后性，因此，空气弹簧的高度调节具有一定的滞后性。

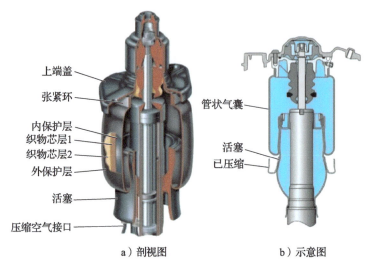

图 14-26　空气弹簧的结构

CDC 悬架由中央控制单元、CDC 减振器、车身加速度传感器、车轮加速度传感器以及 CDC 控制阀构成，其中的 CDC 减振器结构如图 14-27 所示。它的工作原理是控制减振器中阀门的开度，改变减振器油液流动的速度，从而实现对减振器刚度的控制。CDC 悬架能够快速响应，实现高频控制，但存在舒适性效果稍差的缺点。

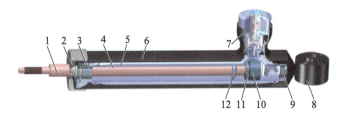

图 14-27　CDC 减振器结构图

1—活塞杆　2—防尘盖　3—导向及油封　4—内筒　5—中间缸　6—外筒
7—CDC 阀　8—吊耳　9—底阀　10—活塞阀　11—流通阀支座　12—限位块

MRC 悬架用磁流变材料充当阻尼介质，磁流变材料在磁场影响下的状态如图 14-28 所示。电磁悬架的工作原理是通过控制电磁绕组中的电流来改变电磁力的大小和方向，从而改变磁流变材料的状态，进而调节悬架系统的刚度和阻尼，实现更加精细化的悬架调节效果，以适应不同路面和行驶条件。

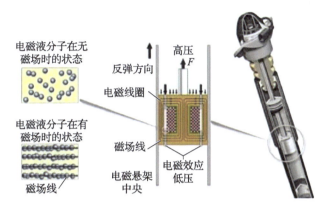

图 14-28　磁流变材料在磁场影响下的状态示意图

对于面向 2025 年的新能源重型货车主动悬架主要技术，结合上述对主动悬架系统的分析和新能源重型货车悬架的发展趋势，未来的技术研究重点可以总结为以下几点。

1) 研究空气弹簧高耐久性和低迟滞响应技术，满足新能源重型货车对空气弹簧高耐久性和快速响应的需求。

2) 研究空气弹簧小动静刚度比、多级刚度可调技术，满足新能源重型货车对车辆稳定性和舒适性的需求。

3) 研究电控阻尼减振快速响应技术，复原/压缩阻尼独立可控技术及高阻尼力一致性、大阻尼区间可调技术，提升新能源重型货车的舒适性和操控性能。

2.4.2　主动悬架技术指标

面向 2025 年，主动悬架系统应满足的技术指标如下：

1) 悬架系统响应时间为 30~50ms。

2) 高速公路车架垂向加速度降幅≥30%。

3) 加速工况车架俯仰角降幅≥30%。

4) 急转弯侧倾角降幅≥10%。

5) 双变线最大速度增幅≥5%。

第 15 章
轻型货车产品平台

1 轻型货车运行场景

1.1 场景类型

轻型货车的应用场景主要为城市内和城市间的货运场景,具体见表 15 – 1。

表 15 – 1 轻型货车主要应用场景

场景	行驶道路	图片
搬家	高速公路 城市道路	
快递、快运	高速公路 城市道路	
商超配送	高速公路 国道 城市道路	
五金运输 建材运输	城市道路	
粮油运输 酒水运输	高速公路 国道 城市道路	

(续)

场景	行驶道路	图片
家具运输 家电运输	高速公路 城市道路	
冷链运输	高速公路 城市道路	

轻型货车主要承担支线物流运输，支线物流运输通常是指在省、区（市）范围内的运输线上的货物运输，行驶道路包括高速公路、国道、城市道路等。对于支线物流运输，自动驾驶轻型货车主要应用于物流仓到城区各个物流节点的配送，即物流分拨应用场景。

目前支线物流运输场景有以下基本特点。

1）市场规模大：支线物流不仅运输原材料、零部件、产品，还要为城市居民生活服务（包括搬家、快递、配送、冷链运输等），流量大，流向多变，体现出小批量、多品种、高频率、近距离等服务特性。

2）安全性不强：支线物流与交通基础设施、驾驶员、车款、运行时间、货物装载、气象条件等密切相关，运行环境复杂，经常出现急加速、急制动等危险行为。

行驶于城市道路的自动驾驶轻型货车主要承担城市内以及城市周边的货物配送和市区内不同物流站点、医院商超等站点的货物配送，以及至收货人的配送。该类车辆以实现此区间的仓到仓和点到点的货物运输为任务，行驶区域可划分为城市主路和城市辅路两类。

1.2 场景需求

轻型货车载荷情况和驾驶工况复杂，这要求轻型货车具备更好的安全性、舒适性和智能性。安全法规升级和自动驾驶技术的发展促使轻型货车加速智能化发展。随着安全法规的逐步升级，轻型货车驾驶员对智能化的要求不断提高，轻型货车智能化成趋势，推动了轻型货车技术壁垒的提高。在主动安全方面，智能网联技术得到广泛运用，自动紧急制动系统、电子稳定性控制、车道偏离预警系统（LDWS）以及轮胎压力监测系统（TPMS）等电子辅助装置有望成为轻型货车的基本配置，而线控制动和高精度线控转向是智能驾驶的基础。城市道路路况复杂，车辆和行人非常多，促使轻型货车提高安全性。随着城市化进程的加快和中国人均汽车保有量的提升，城市内的车辆和行人越来越多，轻型货车驾驶员对车辆安全性的要求不断提高，线控制动和冗余制动成为趋势，电子液压制动系统、电子稳定性控制有望成为轻型货车的基础配置。轻型货车兼顾乘用车和商用车的特性，乘用车的舒适性明显高于轻型货车，促使轻型货车提高其舒适性。

目前，轻型货车驾驶员呈现年轻化的趋势，越来越多的年轻人使用轻型货车进行货运工作，很多年轻的轻型货车驾驶员最先接触的都是乘用车，经过对比，轻型货车驾驶员会要求轻型货车的舒适性趋向于乘用车。独立悬架和主动悬架、电控转向系统可提升舒适性，有望成为轻型货车的基础配置。

2 轻型货车底盘关键子系统

2.1 大排量液压制动

2.1.1 技术现状和发展趋势

电子液压制动系统可以分为两种，一种是带高压蓄能器的，通常叫湿式电子液压制动系统；另一种是电机直接推动主缸活塞的，通常叫干式电子液压制动系统。丰田爱信旗下爱德克斯（Advics）一直沿用前者并进行改进，而后者的典型代表是博世 iBooster。

国外电子液压制动系统主要用于乘用车，在商用车领域目前还没有市场应用。目前，爱德克斯和采埃孚正在研发面向商用车领域的电子液压制动系统。国内对商用车电子液压制动系统的研发已经进行了 3~5 年，目前都在研发验证阶段，还没有到量产阶段。国内电子液压制动技术的产业化主要有以下两条技术路线。

一种是对标博世 iBooster 开发的电机伺服式电子液压制动系统，主要代表企业为上海同驭、上海汇众、芜湖伯特利、上海拿森等零部件企业和比亚迪、长城、上汽等整车企业，清华大学、同济大学等高校也集中发力线控制动系统的研究。国内供应商线控制动产品 2020 年逐步落地，技术路线以电子液压制动系统为主，覆盖 TwoBox 和 OneBox 技术方案，但整体产业化的电子液压制动系统仍然主要面向乘用车领域，在商用车领域，该技术路线表现仍较为乏力。目前已有更高效能的技术在研，但如何保证产品的可靠性、特定工况以及电机失效下的制动效能，仍是行业难点。

另一种是对标丰田旗下爱德克斯的电子液压制动系统开发的高压蓄能式电子液压制动系统，代表公司主要有武汉元丰、武汉瑞立科德斯。其中，电机伺服式电子液压制动系统在车辆总质量（GVW）较小的车辆上具备很大的应用优势；在 GVW 较大的车辆上，高压蓄能式电子液压制动系统则具备较大优势，但其核心部件——高压蓄能器的可靠性以及产品综合 NVH 性能仍存在一定短板，需作为关键技术进行攻克。

2020 年 11 月 2 日，国务院办公厅正式发布《新能源汽车产业发展规划（2021—2035 年)》，明确了未来中国新能源汽车发展的目标和方向，同时，根据工业和信息化部等部委发布的《汽车产业中长期发展规划》，2025 年，高度和完全自动驾驶汽车开始进入市场。传统制动系统由于无法实现线控制动以及对制动力的精确、快速响应控制，不能满足智能化汽车对制动性能的要求。汽车电动化是未来智能出行的基础，为适应制动系统电动化、集成化、轻量化的发展趋势，制动系统将加速向线控制动系统演进。目前，轻型货车液压制动系统的发展趋势是从真空助力加 ABS 发展到 EHB 加 ESC，再进一步会发展到 OneBox 加 EMB。到 2025 年的目标主要是量产应用 EHB 和开发 OneBox。

2.1.2 高压蓄能式 EHB

高压蓄能式 EHB 由动力单元和助力单元组成（图 15 – 1），助力单元和制动踏板连接，当驾驶员踩踏板时，踏板感由踏板感模拟器提供，实现踏板解耦，位移传感器会把踏板位移信号传递给控制单元，控制单元打开阀体，动力单元中的高压制动液进入主缸完成助力。当动力单元蓄能器里面的液压不足时，电机会把油液打入蓄能器，以提高蓄能器压力。

a）动力单元　　　　　　b）助力单元

图 15–1　高压蓄能式 EHB 外观

高压蓄能式 OneBox 外观如图 15-2 所示。

高压蓄能式 OneBox：集成动力单元、助力单元和 ESC，具有集成度高、利于布置、质量小、成本低等优势。

高压蓄能式 EHB 技术优点如下。

1）在所有电路均掉电等极限工况下，蓄能器可以支持 9 次全行程制动。

2）高压蓄能可满足 10t 级车辆使用。

3）ECU 失效后既可采用机械制动和蓄能制动，也可采用 ESC + EPB 制动。

4）制动响应时间缩短。

5）实现踏板完全解耦。

6）提升协同能量回收时电机再生制动能力。

高压蓄能式 EHB、OneBox 功能及其应用场景或作用见表 15-2。

图 15-2　高压蓄能式 OneBox 外观

表 15-2　高压蓄能式 EHB、OneBox 功能及其应用场景或作用

序号	功能	应用场景或作用
1	ABS	驾驶员制动过程中，当车轮有抱死趋势时，ABS 激活防止车轮抱死，保持制动过程中可转向并降低制动距离
2	EBD	驾驶员制动过程中，当后车轮先有抱死趋势时，EBD 系统激活，防止后轮比前轮先抱死。该功能仅控制后轮制动力
3	TCS	在车辆加速起步，车轮有打滑现象时被激活，TCS 防止驱动轮牵引力丧失，从而改进加速和过弯安全性
4	ESC	根据需要调节制动力和电机转矩以改变车辆横摆力矩，使车辆按驾驶员意图行驶
5	HBA	针对快速但力量不足的制动踏板输入，通过 ESC 主动增压来提高制动压力至 ABS 工作，从而减少制动距离
6	HHC	坡道起步辅助防止车辆在坡道起步时溜车
7	HDC	在车辆下坡时，不需要驾驶员主动的制动干预，控制车辆匀速下坡
8	ESS	当驾驶员深踩制动踏板，整车以较大减速度制动时，点亮危险警告闪光灯警示后方来车
9	DTC	当整车进行能量回收时，若 ESC 检测到驱动轮滑移率超出阈值，将主动进行转矩干预，DTC 功能被激活，将重新分配的前后轴转矩值（针对滑移轮进行增矩）发给 VCU，直到滑移率满足要求后退出

（续）

序号	功能	应用场景或作用
10	AVH	遇到红灯等需要短暂停车情况时，车辆静止后驾驶员脚离开制动踏板，车辆可以保持静止
11	EPB	车辆需要长时间停止时，通过 EPB 将制动钳夹紧，实现驻车
12	BBS	驾驶员踩下制动踏板后，EHB 建立压力，实现车辆减速或停止
13	RBS	驾驶员踩下制动踏板后，EHB 请求电机制动，由电机制动并进行能量回收
14	AEB	EHB 根据自动驾驶控制系统（ADCS）发送的减速度请求，对车辆进行紧急制动
15	ACC	EHB 根据 ADCS 发送的加减速度请求，通过调节制动压力控制车辆平稳加减速，确保车辆安全且舒适地自动跟随前车
16	APA	在自动泊车过程中，响应上层控制器的请求，通过主动建压实现减速或停车
17	CST	在该功能激活时，确保车辆平稳停车，以缓解车辆停止时前后俯仰剧烈的问题
18	HBC	EHB 失效后向 ESC 发送"HBC request"请求，ESC 激活 HBC 功能

2.1.3 电机直推式 EHB

电机直推式 EHB 外观如图 15-3 所示。

图 15-3 电机直推式 EHB 外观

电机直推式 EHB 系统具有以下特点。

1）布置空间紧凑，装配性能优异，对于车型敏捷开发和平台化非常友好。

2）制动性能优异，自适应各类极端应用场景，行车无惧风霜雨雪。

3）具备强大算力，搭载智能化 L2+级辅助驾驶底盘控制算法，通过车辆动力学控制提供极致性能。

4）安全功能丰富，可实现多种底盘安全实时监控功能，将安全保障融入智能底盘的灵魂之中。

2.1.4 冗余制动技术

通过对控制器、电源、传感器、网络架构等的冗余设计，来实现电子液压制动系统的冗余方案，具体见表 15-3。

表15-3 电子液压制动系统冗余方案

序号	项目	方案
1	网络架构冗余	冗余控制单元和主控制单元不在一个CAN网络上，当一个CAN网络失效时，另一个还可以正常工作。例如：主控单元在CAN1，冗余控制单元在CAN2，主冗控制单元还要有私有CAN通信，以防网关故障
2	主冗协调控制逻辑	正常情况下，主控制器控制制动系统，当主控制器失效时，冗余控制器控制可控制制动系统
3	控制单元冗余	有两个控制单元，包括主控制单元和冗余控制单元，当一个控制单元失效时，另一个控制单元可以继续工作。例如：EHB + ESC 或 OneBox + RBU
4	电源冗余	两个控制单元分别使用一个电源，当一个电源失效时，另一个电源可以提供正常供电。例如：冗余电池给ESC供电，主电池给EHB供电
5	传感器冗余	轮速、转向角传感器、横摆角速度、纵向加速度传感器和侧向加速度传感器冗余。例如：主轮速、转向角传感器、横摆角速度、纵向加速度传感器和侧向加速度传感器给主控制器传输信号，冗余传感器给冗余控制器传输信号

目前，冗余制动技术研发的难点是主冗协调控制逻辑的开发，各主机厂和供应商正在集中资源攻克该问题。预计2025年会有冗余制动技术投入应用。

2.1.5 技术指标

面向2025年的EHB指标如下。

1. 高压蓄能式EHB

高压蓄能式EHB指标见表15-4。

表15-4 高压蓄能式EHB指标

指标项目	2025年指标
关键技术指标	最大建压能力≥16MPa 满载60km/h制动距离≤22m 系统响应时间（减速度5m/s²）≤200ms 助力失效制动减速度（无独立冗余部件）≥3.5m/s² 助力失效制动减速度（有独立冗余部件）≥5.0m/s² 减速度响应范围≥7.0m/s² 稳态减速度响应误差≤10% 车辆载重感知误差≤15%

2. 电机直推式 EHB

电机直推式 EHB 指标见表 15-5。

表 15-5　电机直推式 EHB 指标

指标项目	2025 年指标
高低边驱动芯片性能指标	工作输出电流：0.2~5A
	工作电压范围：5.5~40V
	高低边属性可配置，通道数量≥4
	满足 AEC-Q100 标准要求
	功能安全达到 ASIL D 级别
系统基础芯片（SBC）性能指标	工作电压范围：4~28V
	输出电流≥1A
	支持千兆以太网和 CAN FD 通信
	满足 AEC-Q100 标准要求
	功能安全达到 ASIL D 级别
电源管理芯片（PMIC）性能指标	1 路 DC/DC 变换器
	2 路低压差线性稳压器（LDO）
	2 路跟踪器（Tracker）
	具备实时时钟（RTC）
	具备"看门狗"功能
	静态电流≤50μA
	满足 AEC-Q100 标准要求
	功能安全达到 ASIL D 级别
关键技术指标	EHB 系统建压时间≤150ms
	稳态下制动力控制精准度≤0.1MPa
	减速度响应范围≥9m/s^2
	最小响应分辨率达到 0.1m/s^2
	机械备份制动减速度≥0.5g
	冗余切换时间≤25ms
	制动距离相比传动制动系统减少 5% 以上

3. OneBox

OneBox 技术指标见表 15-6。

表 15-6　OneBox 技术指标

指标项目	2025 年指标
高低边驱动芯片性能指标	工作输出电流：0.2~5A
	工作电压范围：5.5~40V
	高低边属性可配置，通道数量≥4
	满足 AEC-Q100 标准要求
	功能安全达到 ASIL D 级别
系统基础芯片（SBC）性能指标	工作电压范围：4~28V
	输出电流≥1A
	支持千兆以太网和 CAN FD 通信
	满足 AEC-Q100 标准要求
	功能安全达到 ASIL D 级别
电源管理芯片（PMIC）性能指标	1 路 DC/DC 变换器
	2 路低压差线性稳压器（LDO）
	2 路跟踪器（Tracker）
	具备实时时钟（RTC）
	具备"看门狗"功能
	静态电流≤50μA
	满足 AEC-Q100 标准要求
	功能安全达到 ASIL D 级别
关键技术指标	EHB 系统建压时间≤150ms
	稳态下制动力控制精准度≤0.1MPa
	减速度响应范围≥9m/s²
	最小响应分辨率达到 0.1m/s²
	机械备份制动减速度≥0.5g
	冗余切换时间≤25ms
	制动距离相比传动制动系统减少 5% 以上

2.2　高精度线控转向

当前汽车市场智能渗透加速，转向技术持续升级，转向系统逐步演进为线控转向是大势所趋。如图 15-4 所示，转向系统作为底盘的核心部分，发展至今，经历了机械转向系统、液压助力转向系统、电动助力转向系统、电动冗余转向系统、线控转向系统（SBW）多个阶段，逐步实现从机械化到电动化再到智能化的转变，转向系统操作性能逐步提升，集成度、电动化、智能化水平持续提高，未来，随着自动驾驶渗透率的逐步提升，转向系统将加速向线控化发展。

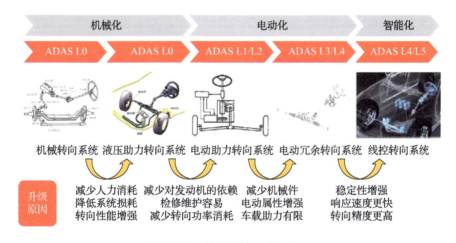

图 15-4　转向系统技术演进

目前，线控转向尚处于发展早期阶段，渗透率极低，仅有少量车配备。随着国家标准的修订，叠加未来 L3 级及以上等级自动驾驶的普及，对 SBW 的需求量将伴随高级别自动驾驶的快速渗透而提升。

2.2.1　轻型货车线控转向需求

轻型货车线控转向当前技术发展现状：采用电动循环球转向方案，支持限定场景下的脱手行驶、自动变道、自动跟踪，非解耦状态。

轻型货车线控转向需求如下。

1）故障时可切换至手动转向模式。

2）采用双芯片传感器（力矩转角传感器、电动机位置传感器）。

3）安全方案：助力失效缓解（软件）。

2.2.2　半冗余电动转向

半冗余电动转向方案（过渡方案）特点如下。

1）传感器及 ECU 冗余。

2) 传感器及 ECU 故障时，切换至备份传感器及 ECU。

3) 单绕组电动机。

4) 安全方案：电动机以外电子部件的冗余备份。

2.2.3 全冗余电动转向

2025 年实现 L3 + 级自动驾驶/高速公路脱手行驶、自动变道、自动跟踪。

1. 全冗余电动转向冗余方案

1) 传感器、ECU 和电动机冗余。

2) 根据需要可用于自动驾驶。

3) 双绕组电动机。

4) 安全方案：全冗余。

冗余方案效果如图 15 - 5 所示。

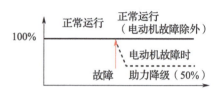

图 15 - 5　冗余方案效果

2. 全冗余电动转向优势

1) 实现高精度智能化控制：可以完全由线控指令控制车辆底盘的转向，实现无人驾驶转向功能。

2) 多种功能集成：兼容了无人驾驶模式和人工助力模式两种转向模式，能实现不同模式间的灵活切换，整体的机械机构非常简洁，占用空间小，方便车辆的设计和安装。

3) 安全性高：采用六相双冗余永磁同步电动机作为执行机构，对电源输入、ECU 控制、传感器采集和系统通信全部进行双系统冗余设计；控制信号和工作状态信息采用双系统校验机制进行周期性数据交互，监控系统的运行状态，一旦系统运行异常，可以在 20ms 内切换到备用系统，保障无人驾驶操控的安全性。

3. 工作原理

六相冗余电动机技术方案如图 15 - 6 所示。

线控系统上下为力反馈模块和转向驱动模块，中间通过私 CAN 通信。力反馈模块主要包括电源、整车信号、力矩和角度传感器、控制器、预驱动器、双绕组的六相电动机，且以上结构设计为完全独立的两条线路。转向驱动模块主要包括电源、整车信号、齿条位置传感器或角度传感器、控制器、预驱动器、双绕组的六相电动机，同样设计为完全独立的两条线路。

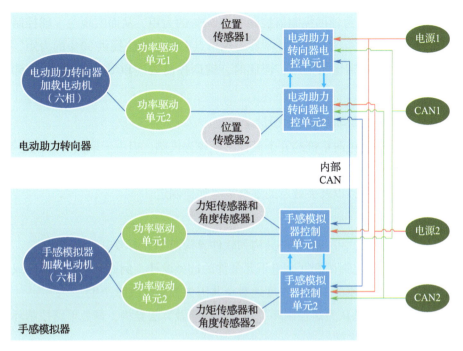

图 15-6　六相冗余电动机技术方案示意图

具体工作原理如下：两路独立电源对线控转向系统供电（对于新能源汽车，控制器的双路电源通常来自两路独立的 DC/DC 变换器，同时，12V 蓄电池作为备份电源，实现供电线路的冗余）。整车信号与线控转向系统进行信号交互，输入车速、整车状态、ADAS 整车转向请求等车辆信息。力矩和角度传感器识别驾驶员的驾驶意图，力反馈模块一方面根据驾驶意图或整车转向请求，经过计算，形成齿条位移指令并通过私 CAN 发给转向驱动模块，由转向驱动模块执行车辆转向控制；另一方面接受来自转向驱动模块的路感信息（齿条力等），驱动力反馈电动机实现驾驶员方向盘手力模拟。而转向驱动模块主要接受力反馈模块的转向指令，通过齿条位置传感器或转角传感器对车辆转角进行闭环控制，从而驱动电动机控制车轮转动，以满足驾驶员的转向期望，同时，转向驱动模块需感知路面信息，并通过齿条力估算，将有效的路面信息传递给力反馈模块，最终传递到驾驶员。此方案中 ECU 和电动机间最常见的控制策略为主从控制，控制器（ECU1 和 ECU2）接收到转向信号后，都需计算出所需的全部力矩，但在控制预驱动器时，主控制器（如 ECU1）一方面控制自身一路预驱动器 50%的力矩，另一方面将其中 50%的力矩请求通过 ECU 间的内部通信发送给辅助控制器（如ECU2），由辅助控制器控制剩余50%的力矩，从而实现主、辅控制线路各输出50%的力矩。一旦主控制器出现单点失效，无法提供50%的力矩，辅助控制器将计算得到输出力矩，但此时，辅助控制器（ECU2）仅能提供50%的输出能力。

2.2.4 线控转向功能安全设计

虽然目前线控转向系统的冗余设计已经较为成熟，但由于取消了机械连接，失去直接通过机械操控转向的能力，故其功能安全设计尤为重要。比如共因失效的问题如何解决，以及失效后的安全策略如何制定。

1. 异构设计

对于异构设计，可以从硬件异构和软件异构两个方面考虑。

1）硬件异构包括两套冗余电子元器件的选型设计，例如采用不同型号或不同批次的两套电子硬件，最大限度地避免共因失效导致故障产生。

2）软件异构是从力矩控制环、转角控制环做算法异构，避免单路控制环失效导致的转向控制失效。

2. 安全策略设计

失效后的安全策略设计也是难点之一。前期需要有明确的功能安全相关目标等级、FIT、FTTI等功能安全设计要求。

1）对单路失效后的安全策略，需要设计冗余系统的仲裁与分配机制，比如角色实时转换、电动机力矩分配、安全诊断等协同机制。

2）对于线控转向双路失效，还需要结合整车动力、制动、ADAS等设计整车安全策略，保证车辆能实现报警、减速、靠边停车等安全功能。

2.2.5 线控转向技术指标

面向2025年的具体技术指标如下：

1）力矩控制精度不低于$0.01\mathrm{N\cdot m}$（电机输出），角度控制精度不低于$0.1°$。

2）驾驶员可随时接管方向盘，接管时间和接管力矩可定义。

3）可进行总线控制请求的限制与监控（根据整车测试结果，设定限定阈值）。

4）转向器功能安全等级达到ASIL D级。

5）总成角度控制输出响应不大于$0.5°$（含机械间隙）。

6）总成工作温度范围：$-40\sim125℃$。

7) 可根据某些特殊工况实现角度传感器零位自学习功能，断电可保持 0 位记忆。

8) CAN 通信速率为 125kbit/s ~ 1Mbit/s，满足 J1939。

2.3 半主动悬架

半主动悬架是指悬架弹性元件的刚度和减振器的阻尼系数之一可以根据需要进行调节控制的悬架。由于阻尼控制相对于刚度控制更容易，所以半主动悬架研究主要集中在调节减振器的阻尼系数方面，即将阻尼可调减振器作为执行机构，通过传感器检测汽车行驶状况和道路条件的变化及车身的加速度，然后由 ECU 根据控制策略发出脉冲控制信号，实现对减振器阻尼系数的有级调节或无级调节。

2.3.1 减振器

1. 有级阻尼可调减振器

有级可调减振器阻尼可在 2、3 档之间快速切换，切换时间通常为 10 ~ 20ms。有级可调减振器通过控制旋转阀的旋转位置，使减振器的阻尼在"软、中、硬"三档之间变化。虽然其结构及其控制系统相对简单，但在适应汽车行驶工况和道路条件的变化方面有一定的局限性。有级可调减振器的设计关键是发展先进的阀技术，增加阻尼变化的档数，缩短切换时间，从而使复杂的控制策略应用成为可能，以进一步提高悬架的控制品质。

2. 连续阻尼可调（CDC）减振器

CDC 减振器是在研究体系相对成熟的电磁阀控制技术的基础上，对传统减振器的有益改进。CDC 减振器的核心阻尼控制单元——CDC 控制阀去磁和得磁效果迅速，能根据控制电流的通断和改变快速做出响应，实现对减振器阻尼主动、精确和稳定的调节，并能配合悬架系统先进控制策略对车辆行驶状态准确分析，在毫秒级别的反应时间内实现减振器阻尼连续、精准的调整，缓和衰减来自不平地面的冲击，显著提升车辆行驶平顺性和操纵稳定性，是未来的主要发展方向。

3. 电/磁流变减振器

电/磁流变减振器的阻尼随电场强度的变化而连续变化，无液压阀的振动、冲击与噪声，不需要复杂的驱动机构。目前，从成功开发的电/磁流变液体的材料特性来看，都能满足工作要求，但在屈服应力、温度范围、塑性黏度和稳定性等方面来看，磁流变液体强于电流变液体，但其主要问题是成本高、结构复杂，目前应用较少。

2.3.2 半主动悬架控制

半主动悬架系统的计算机控制系统主要由车载 ECU 控制器、信号调理器、模/数（A/D）转换器、驱动装置和加速度传感器等组成。其工作原理如下：当车辆受到不平路面激励而产生振动时，车体和车轮处的加速度传感器连续不断地采集垂直振动加速度信号并传至信号调理器，信号调理器将采集到的信号过滤和放大后传递至 A/D 转换器，A/D 转换器将模拟量信号转化为数字量信号传递至车载 ECU 控制器，经其内部控制策略分析和运算后向驱动装置发送指令信号，驱动装置释放控制电流调节半主动悬架系统中控制阀的阀口开度，实现减振器阻尼力的调节，形成控制闭环，完成半主动悬架系统振动控制的实时、在线调整，最终实现对自身振动的有效抑制。基于 CDC 减振器的半主动悬架控制原理如图 15-7 所示。

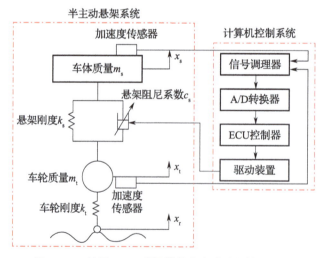

图 15-7 基于 CDC 减振器的半主动悬架控制原理

CDC 减振器通过 ECU 可实现整车标准、舒适、运动三种模式（包括天棚阻尼及改进算法、安全策略等）；可分别在标准、舒适、运动三种模式下连续调节阻尼。该系统主要由控制模块、CDC 减振器、轮边加速度传感器、车身加速度传感器、车身高度传感器组成，结构布置如图 15-8 所示。

图 15-8　CDC 减振器结构布置

根据路况和载荷及 CAN 整车信号（侧向加速度、纵向加速度），半主动悬架系统可通过 ECU 控制实现整车运动（悬架硬）、舒适（悬架软）两种模式，提高驾乘人员的舒适性及车辆的操纵稳定性，驾乘人员对减振器阻尼变化感观更明显，成本更具有优势。控制算法如图 15-9 所示。

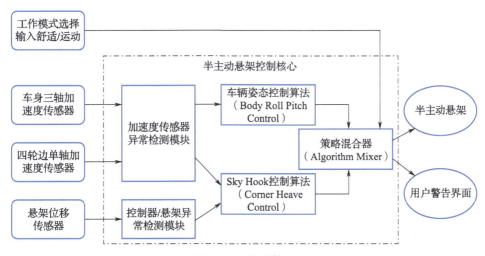

图 15-9　控制算法

2.3.3　半主动悬架技术指标

面向 2025 年的半主动悬架技术指标具体见表 15-7。

表 15-7　面向 2025 年的半主动悬架技术指标

	技术指标		空载	满载
主观	直线行驶能力		8	8
	转向不足/转向过度		8	8
	转弯稳定性		8	8
	侧倾角		8	8
	侧倾线性		8	8
	侧倾速度		8	8
	移线稳定性		8	8
	控制准确性		8	8
	横摆稳定性		8	8
	俯仰		8	8
	大冲击		8	8
	小冲击		8	8
	振动吸收能力		8	8
客观	随机输入	驾驶员座椅加权加速度均方根（50km/h）	≤0.6	≤0.5
		驾驶员座椅加权加速度均方根（80km/h）	≤0.7	≤0.6
	稳态回转	不足转向度 U/(rad/s)	0.3~0.8	0.3~0.8
		车身侧倾度/rad	≤0.5	≤0.8
	阶跃	$a_y = 2\text{m/s}^2$ 时，横摆角速度响应时间/s	0.2~0.4	0.2~0.4
		$a_y = 2\text{m/s}^2$ 时，侧向加速度响应时间/s	0.2~0.4	0.2~0.4
	蛇行（满载，基准车速）	基准车速下平均横摆角速度/(rad/s)	≤13	≤13
		最大过桩车速/(km/h)	≥60	≥60
系统		系统响应时间/ms	≤45	
		功能安全等级	ASIL B	

第 16 章
载人客车产品平台

1 客车运行场景

面向固定线路人员运输的新能源客车,运行场景以城市、城郊、山区等为主,运行地区涵盖高寒、高温、高原气候,具备不同车型米段－吨位跨度大、装载质量变化大、道路工况差异大等特征。

1. 专用车道快速公交自动驾驶场景

自动驾驶专用车道快速公交(BRT)是指搭载先进的车载传感器、控制执行等装置,融合现代通信与网络、人工智能等技术,在城市 BRT 专用车道上,具备自主巡航、精确进站、前向自动紧急制动等功能的新一代公交(图 16-1);同时,基于 C-V2X 通信技术,具备信号灯协同、盲区预警等功能,能够自动按照设定的路线完成乘客的接驳和运输,实现有条件自动驾驶,并保证行驶安全。

图 16-1 专用车道自动驾驶快速公交

典型特征:

1)需要在城市 BRT 专用车道上运行。

2) 驾驶员必须主动激活系统，但不必一直监视系统。

3) 驾驶员可以在任何时候接管系统。

4) 当系统向驾驶员发出接管请求时，驾驶员需响应系统请求，如驾驶员无响应，系统应适时执行风险减缓策略。

2. 通勤客车自动驾驶场景

自动驾驶通勤客车主要用于城市、郊区和农村等各种应用场景的"第一公里"和"最后一公里"运输（图 16-2）。该类车辆具备自主巡航、换道避障、紧急制动、路口通行、精确进站、自主会车以及自主超车等功能，可实现工业园区通勤、景区摆渡、机场摆渡等封闭区域的无人驾驶。自动驾驶微循环客车是在封闭园区、景区或区域性城市道路内行驶的，能够实现可行驶区域内交通参与者的意图识别，具备自主巡航、自主进站、自主换道、动态避障、自动代客泊车（AVP）等功能，实现限定区域通勤接驳以及约车功能的高度自动驾驶小型客车。

图 16-2　自动驾驶通勤客车

典型特征：

1) 在设计运行范围内，该系统可自主激活，不需要用户监控。

2) 行程开始后，车辆自主完成全部的驾驶任务。

3) 当系统无法完成驾驶任务时，系统可自动达到最小风险状态并通知云端，远程驾驶员可自行选择接管。

3. 自动驾驶客车预期发展目标

专用车道快速公交自动驾驶预期目标见表 16-1。

表 16-1 专用车道快速公交自动驾驶预期目标

预期目标	中期（2023—2025 年）	长期（2025 年后）
适应场景方面	适应大雨、大雾等恶劣天气 适应专用通道，密集交通流 道路标线清晰	运行区域扩大至开放道路
人员需求方面 （驾驶员/安全员）	车内需要驾驶员	车内不需要驾驶员，但仍需设置安全员

通勤客车自动驾驶预期目标见表 16-2。

表 16-2 通勤客车自动驾驶预期目标

预期目标	中期（2023—2025 年）	长期（2025 年后）
适应场景方面	封闭园区、景区、区域性开放道路 适应暴雨、大雾等恶劣天气 适应密集交通流 道路标线清晰	适应各类恶劣天气 适应区域内各类道路
人员需求方面 （驾驶员/安全员）	车内不需要安全员、远程需有安全员	不需要安全员

2 客车底盘关键子系统

2.1 高精度线控转向

相对乘用车而言，客车转向技术需要克服重载、长轴距、长前悬架及多轴转向等难题，目前，商用车转向系统主要的功能还是提供助力转向及随速调节，而自动转向回正、主动转向控制等先进功能正逐步扩大应用，控制性能需要进一步提升。商用车液压助力转向面临许多问题需要解决：①由于存在高压油路，高压油液在通过阀芯与阀套之间的阀孔时，会产生噪声；②无论整车是否转向，液压泵都随发动机转动而转动，输出的流量随发动机转速的增加而增加，从溢流阀溢出的流量也随之增加，这部分溢出的流量产生的能量损失约占 HPS 总能耗的 40% 以上；③助力特性不可调节，转向手力会因空满载发生变化，驾驶体验差；④无电控/线控功能。随着商用车电控化、智能化技术发展，商用车转向系统开始向电控转向技术发展。

2.1.1 高精度线控转向技术

针对客车前轴载荷质量大、转向安全性要求高的情况，基于 EHPS 系统构型，通过惯性补偿、方向盘相位补偿，系统提升低速转向轻便性和高速行驶稳定性，实现驾驶辅助、侧风补偿和稳定性控制等功能。

新能源汽车的电动转向液压泵成本高，开发应用 EPS 系统可替代液压转向系统，实现降本增效、自动转向回正、主动转向控制。采用多冗余电机和小体积、大速比转向器，攻克大吨位客车线控转向 EPS 系统行业瓶颈难题，如图 16-3 所示。研究车辆状态与路况信息联合估计方法，开发基于前馈预测和动态补偿的转角/回正控制方法，提高转角的动态跟踪精度和响应速度。

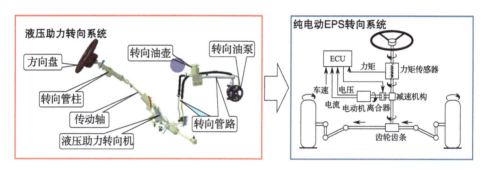

图 16-3　线控转向 EPS 系统

2.1.2 技术指标

1）实现回正残余角≤10°，转角跟踪误差≤5%，减重 15%。
2）功能安全达到 ASIL D 级，满足 L2 级自动驾驶。

2.2　高安全线控制动

目前，客车制动主要采用气压制动技术。由于商用车质量大，对制动力需求大，液压制动力难以满足；同时，商用车的制动如果出现故障，产生事故的危害大，对可靠性的要求也更高，液压管路存在受热汽化风险，液压制动的可靠性也难以满足中重型商用车的要求。但由于液压制动具有制动响应快、制动距离短等优点,在最大总质量在 6t 以下的轻型商用车,特别是轻型客车中,还是多采用液压制动技术。随着电动化和电控技术的发展,制动技术也向电控化和复合制动技术方向发展。

2.2.1 高安全线控制动技术

开发线控气压制动 EBS 和线控液压制动 OneBox 集成系统,研究集成制动助力、能量回收、冗余制动和车辆稳定性控制功能的冗余线控制动系统;通过多闭环"减速度 – 压力 – 电流"控制减少超调量,提高控制精度,通过建立驾驶员制动意图预测模型减少响应时间;研究开发直接横摆力矩(DYC)控制策略,提升底盘多场景极限工况动力学稳定边界。常见线控制动系统结构、原理及冗余方案如图 16 – 4 所示。

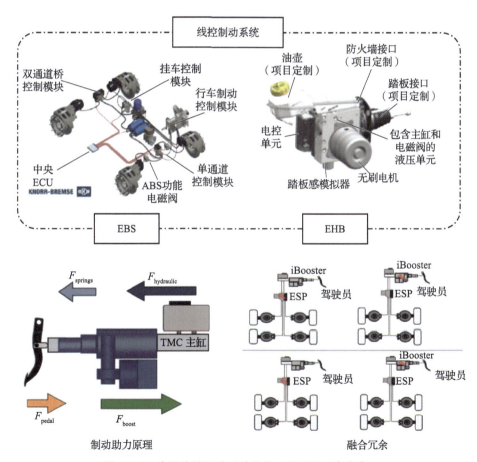

图 16 – 4 常见线控制动系统结构、原理及冗余方案

2.2.2 技术指标

1）实现响应时间≤0.36s，压力控制超调量≤20%。
2）制动能量回收提升3%，制动距离缩短15%。
3）功能安全达到ASIL D级，满足L2级以上自动驾驶。

2.3 高效率集成电驱

高度集成化、高效率、高性价比、高可靠性是当前市场对客车动力系统的核心诉求。集成式电驱桥采用高速电机、高速减速器、车桥一体化集成的技术方案，相比现有的低速电机中央直驱系统，具有系统质量轻、成本低、可靠性高、NVH性能好等优势，是未来无低地板需求客车领域的发展方向。

2.3.1 集成式电驱桥和轮边分布式驱动电驱桥

1）围绕集成式电驱桥产品开发及产业化应用，需重点攻克高速液冷扁线电机技术、高速轴承技术、高速少级齿轮传动技术、高效润滑技术、电机减速器共壳体技术，降低系统质量，提升系统集成度。集成式电驱桥相比中央直驱的优势如图16-5所示。

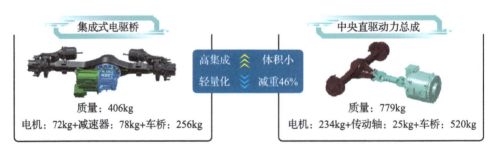

图16-5 集成式电驱桥相比中央直驱优势明显

2）轮边分布式驱动电驱桥能够实现全低地板（图16-6），是低地板公交领域未来的发展趋势，但当前存在成本高、能耗高等问题。围绕轮边分布式驱动电驱桥产品开发及产业化应用，需重点攻克轮边高速电机技术、轮端行星排传动及润滑技术、悬架一体化集成技术和基于轮端单级平行轴传动和高重合度齿轮啮合技术，降低系统质量，提升系统集成度。

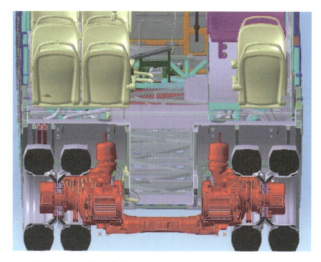

图 16-6　轮边分布式驱动电驱桥能够实现全低地板

2.3.2　电机效率优化技术

电机技术围绕持续提升电机效率指标进行研究。通过构建公交、公路等各类客车典型工况库，开发基于离散工况功率点分布加权的效率进阶优化算法，建立工况与电机效率相融合的联合仿真模型，实现电机系统高效区与整车工况的最优匹配；通过建立融合温度因子的电机全损耗分离模型，绘制电机转矩、转速和温度多因素耦合的损耗分布云图，明确电机效率提升的实现路径，通过磁路多目标多参数寻优设计，实现电机工况效率提升；通过开发高磁导、低损耗、超薄硅钢材料，研究不同工艺对电机损耗的影响，确定电机材料、工艺的最优组合，提升电机效率。

2.3.3　高效率控制技术

控制器技术围绕新材料及新技术进行研究，旨在提升系统效率，如图 16-7 所示。通过开发动态全域变载频控制，在系统稳定条件下，根据低速区、城市工况区、高速区等工况的特点，通过动态调节载波频率，降低功率模块开关过损耗，在兼顾系统性能的前提下提高系统效率，如图 16-8 所示。采用电压矢量自动补偿的过调制控制算法，在相同直流电压条件下，可输出更高的交流电压，从而减小电机高速下所需的弱磁电流，提高系统效率；基于 SiC 功率半导体高耐压、低损耗、高效率等特点，研究新型 SiC 功率半导体器件应用技术。

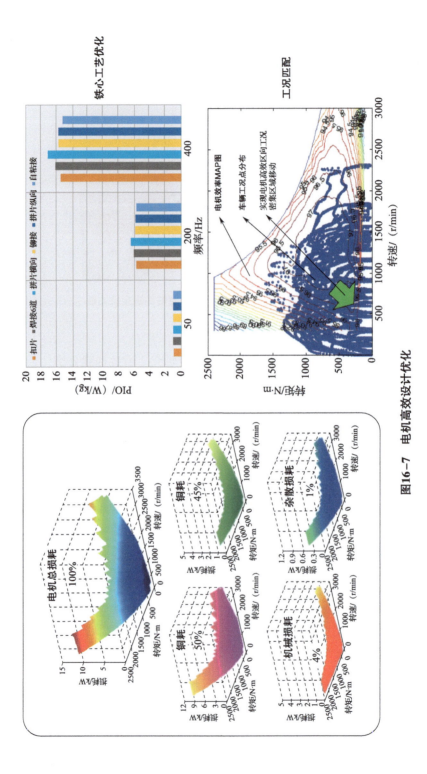

图16-7 电机高效设计优化

第16章 载人客车产品平台

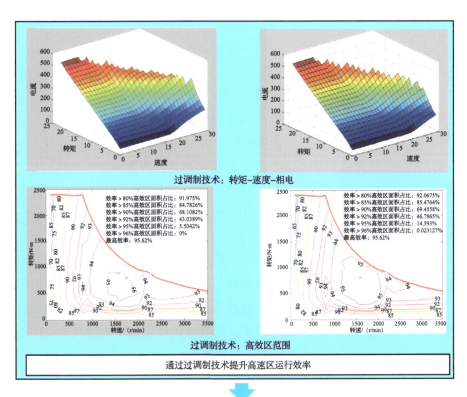

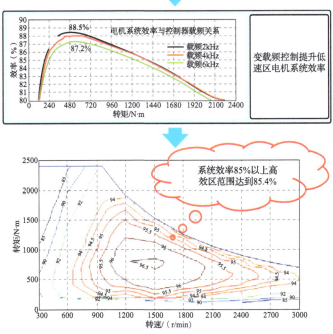

图16-8 控制器效率提升

2.3.4 技术指标

2025 年预期达到的技术指标如下。

1）集成式电驱桥功率密度≥330W/kg。

2）轮边分布式电驱桥功率密度≥260W/kg。

3）电机最高效率≥97.5%，电机效率≥90%区域占比≥90%。

4）控制器最高效率≥99.5%，大于90%高效区占比≥92%。

2.4 高集成线控底盘

线控底盘集成的目标在于从系统工程的角度通过对各个电控子系统的协调控制来优化汽车整体性能。汽车底盘集成控制是对汽车纵向、横向、垂向的整体控制，目前应用于商用车的线控集成技术主要是单向集成技术类，即纵向集成技术、横向集成技术和垂向集成技术。高集成线控底盘可确保汽车各子系统之间协调工作，充分挖掘汽车性能潜力，提高汽车在极限工况下的主动安全性。线控底盘集成结构和功能如图 16-9 所示。

2.4.1 高集成线控底盘技术

研究智能主动悬架，实现车身高度升降、侧跪和复位等控制；集成气囊互联刚度及连续变阻尼控制，减少在不平路面上的振动和紧急工况侧倾俯仰姿态角；研发应用 AEBS、LKA、城市智能辅助系统、智能驾驶助手等主动安全驾驶辅助系统。

2.4.2 技术指标

1）开发先进 AEBS、LKA 等先进主动安全驾驶辅助系统。

2）提升电动客车主动安全及智能化水平，横向控制误差≤0.3m，纵向速度误差≤1km/h，垂向控制误差≤0.008m。

第 16 章 载人客车产品平台

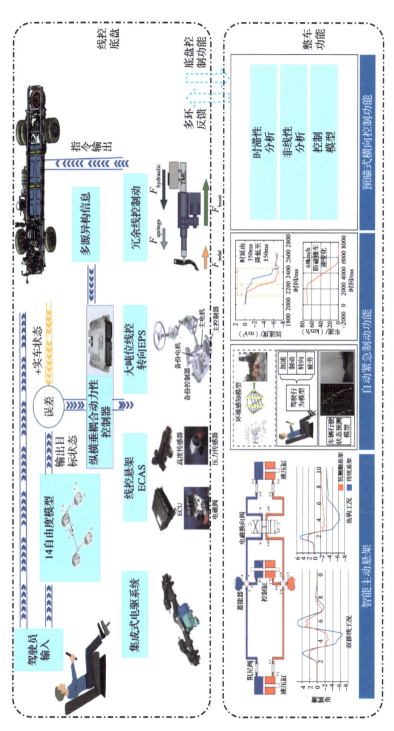

图 16-9 线控底盘集成结构和功能

第17章
特种车产品平台

1 特种车运行场景

特种车运行场景主要是指港口与矿山作业两大自动运输车辆应用场景。场景典型特征：满载、空载交替，24h连续作业，与叉车、吊车、岸桥、挖掘机和装载机等其他工程机械之间协同作业，需要适应雨、雪、雾等多种天气。近年来，随着国内外智能化网联化技术的应用，由于场内货运（港口、厂区）、矿山重载货运等场景具有相对封闭的运行环境，形成了较为广泛的中低速运行自动驾驶应用，这对于特种车提出了新的要求：安全性能高、能耗低、能够实现快速补能和具备高级智能辅助驾驶或自动驾驶功能。

1.1 场内货运运行场景

场内货运生产作业场景是一个周期往返的运输过程，完整的运输过程包括装载、行驶、卸载、行驶、装载，典型的应用场景是港口货运，以及厂内、园区的货物运输等（图17-1）。所有作业车辆都由中心化的作业系统进行调度，即每一辆车的每一趟运输过程都通过场内作业调度系统从全局任务效率优化的角度，进行装卸地点、装卸时间范围、行驶路径的分配。除生产作业场景外，还有一些车辆充电（加油）、泊车、进入维修保养站等保障场景。

1. 装载场景

空载车辆根据作业系统的指令，行驶到指定位置停靠准备装货。如果是人工装货，停靠位置精度要求不高；如果是机械设备装货，如港口岸桥进行集装箱人工或者自动化吊装，则需要车辆有较高的停靠精度，并且能够与吊装设备进行互动或者信息交互，保证装货的精准度。通常，装载时会与其他同时进行装载作业的车辆发生深度耦合交互，由于装载区域有限，不合理的车辆交互会引起效率的下降。装载作业停靠时进入准确位置的时间越短，作业效率越高。

图 17-1　场内货运运行场景

2. 行驶场景

场内货运所处环境是一个有限封闭或半封闭的区域，便于全域统一的道路智能化改造和建设，便于交通设施的快速维护和交通事件的快速处理。场内货运行驶场景中具有结构化道路，背景环境单一，几何特征明显。同时，场景中具有较为固定的行驶起止点，且行驶路线有限，交通参与者少且简单，行驶车速低。行驶过程中，比较容易引起安全和效率问题的地方有与外来车辆或人员交互，在无信号灯路口行驶，车辆的并行、超车、会车、跟车等。此外，重载货车的车辆尺寸很大，对驾驶控制要求很高。

3. 卸载场景

卸载场景发生在仓库、厂房、堆场、岸桥等地点，相应的布局、货物类型、工艺流程、管理方式等方面存在差异，在实际推广中需要进行针对性定制。不同场景的货物类型千差万别，需要根据货物类型进行自动驾驶线控底盘的选型甚至是定制。同装载场景类似，卸载场景也需要车辆具有较高的停车精度和停车效率，也要尽量避免与同时进行卸载作业的车辆发生低效的交互。

4. 调度场景

车辆需要接受仓储系统、园区管理系统、工厂生产管理系统、港口操作系统等场内货运作业平台的调度指令，才能起动并完成自身的作业任务；车辆在执行作业任务的同时，也会随时接到作业平台的实时指令，对当前的作业过程进行动态调整。作业平台需要根据全局作业任务进行静态优化，同时实时采集车辆位置与路径，并且要根据当前的实际作业状况和交通状况进行动态的任务和路径调整，才能高效完成场内货运作业。这类作业平台可以称为场内货运的云控平台。

5. 保障场景

为了保障场内自动驾驶货运车辆顺利完成任务，需要实现各种保障场景。监测车辆的电量或者油量，并提供接口友好的充换电场站和加油设备；设定每辆车的保养周期，车辆达到保养日期后将收到保养任务指令且必须进入维修站进行保养；作业平台会实时采集车辆工况，发现车辆不能正常工作或存在故障隐患时，及时启动应急机制；为了保障货运车辆实现无人化运行，需要通过高可靠低时延的无线通信网络实现车辆的远程驾驶控制。

在场内货运领域，自动驾驶代替人工驾驶的主要目的是提高安全性、提高效率、降低人工成本。要达到以上目的，除了对自动驾驶本身技术提出要求之外，对作为运载与执行系统的车辆底盘同样有更高的要求。适应场内货运的线控底盘逐渐成熟，自动驾驶车辆逐渐形成线控底盘与自动驾驶系统的一体化集成设计；车辆线控底盘逐渐标准化，以节约自动驾驶系统与线控底盘的适配时间；车辆底盘要能够实现对自动驾驶系统行驶路径进行精确规划，并能够实时动态调整作业任务时间，最终提高自动驾驶车辆的运行效率；车辆底盘及其子系统要满足真实作业环境要求，要经过全天候的试验验证；底盘转向与制动系统要具有足够的冗余设计，确保车辆行驶运行期间的可靠与安全。

1.2 矿山运输运行场景

由于矿山重载货运场景具有环境复杂、气候恶劣等不利因素，矿区运输效率低、安全事故频发以及招工困难等问题长期困扰矿区企业。国内智慧矿山项目、自动驾驶矿用货车的持续发展落地，对提高矿区运输效率、减少安全事故、降低人员投入等方面起到积极的作用。国家发展和改革委员会印发的《关于加快煤矿智能化发展的指导意见》（发改能源〔2020〕283号）指出，要重点突破复杂条件智能综采、连续化辅助运输、露天开采无人化连续作业等技术。国家能源局下发的《煤矿智能化建设指南（2021年版）》中提出生产煤矿重点建设远程操控系统、无人驾驶系统、远程运维系统等。

根据矿山场景的基本生产作业流程，可将矿山自动驾驶应用作业场景划分为装载、运输、卸载3个作业场景和作业保障场景，如图17-2所示。

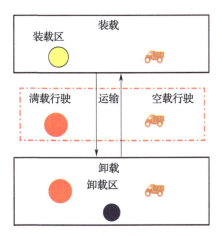

图17-2 矿山运输运行场景

1. 装载作业场景

自动驾驶装载作业是指空载自卸车、装载设备（挖掘机等）及云平台之间通过5G、LTE-V2X等技术相互配合，实现空载自卸车依次进入装载点，挖掘设备装载货物的工作流程。在该场景下，自卸车、挖掘设备、云平台需要明确整个装载协作流程（包括协同入场、装载、出场等步骤）。自卸车根据云平台规划的路径和作业任务，结合对周围环境的感知，将自车的实时状态信息（包括位置、速度、方向、加速度等）和任务信息实时发送至装载设备。同样，装载设备也需将自身的位置、朝向等信息发送至自卸车，从而实现高效配合作业。装载作业场景如图17-3所示。

图17-3 装载作业场景

2. 运输作业场景

自动驾驶自卸车根据云平台规划的路径，结合环境感知信息，在矿区道路上自主运行。在行驶过程中，通过5G、LTE-V2X网络技术，自卸车与其他车辆（包括无人/载人车辆）、路侧设备和云平台进行信息交互，实现前方碰撞预警、超视距感知等功能，提高行车安全性。若自卸车发现异常情况（如出现无法避开的路障），自卸车将紧急制动，并进入远程接管流程，即发送告警信息给挖掘机、周围车辆和云平台，以避免危险作业，并由云平台远程接管以脱离困境。运输作业场景如图17-4所示。

3. 卸载作业场景

自动驾驶卸载作业是指满载自卸车与卸货设备（推土机等）以及云平台间相互配合，实现自卸车到达指定卸载点，然后由卸货设备整理物料，自卸车驶离卸载点，并进入下一个"采矿-运输-卸货"作业周期。在这种场景下，自卸车、卸货设备和云平台需要进行通信，并明确整个协同卸货流程（包括协同入场、卸货、退出等）。根据路径规划和作业任务，结合对周围环境的感知，自卸车可以自动行驶到卸料区，并将自身的实时状态和任务信息发送到卸货设备。卸货设备也将自己的位置和其他信息发送到自卸车，以实现有效的协同。卸载作业场景如图17-5所示。

图17-4　运输作业场景

图17-5　卸载作业场景

4. 作业保障场景

在作业过程中，云平台会定期安排自卸车的维护或保养任务，用以保障矿山业务的有效进行。当自卸车检测到油量、水量不足以及自身出现故障时，需要与云平台协调，以及时计划加油和补水任务。自卸车根据云平台规划的路径，结合环境感知信息，自动行驶到相应的作业支持区域，并周期对外广播本车的实时状态和任务信息。在异常情况下，自卸车将会紧急制动并进入远程连接过程。

自动驾驶矿车的关键技术包括智能感知技术、智能规控技术、控制执行技术、车路协同技术、网联云控技术以及全生命周期运维等技术。由于矿区运输要面对高温、高寒、高海拔、高尘土、路况差、任务繁重等诸多不利因素，路况颠簸、崎岖不平，驾驶难度大，易发生侧翻、溜车。无人驾驶自卸车在节省人力成本的同时降低了客户的经营风险。天气有严重雾霾时，禁止燃油汽车作业，而电动化自卸车则可全年运营，而且电动自卸车下坡时可进行能量回收，可有效降低能耗。同时矿山的规模化运输性质需要群车协同高效运行，这对车辆协同运行决策及控制算法提出了更高的要求，给自动驾驶矿车的技术发展带来了挑战。自卸车体积大、载重大，行驶道路复杂多变（非结构化路面），存在上坡、下坡、大曲率转弯、颠簸不平等，且道路变化频繁（装/卸载区），车辆控制难度增加，控制延时大，非线性因素增多。这些对矿车自身线控底盘和控制算法的精度要求较高，要求其既能满足自动驾驶良好的可控性，也能满足车辆行驶过程的可靠性以及系统安全性，对底盘的构型与控制提出了新要求。

2 特种车底盘关键子系统

2.1 转向系统

特种车，如自卸车等因其工况的特殊性，在部分相对封闭的运营场景，如矿区短倒、钢厂短倒、港口倒运等，易于推广运营自动驾驶车辆，而传统车型因转向系统无法实现线控功能，无法满足自动驾驶需求。另外，因自卸车轴荷大，且部分为多轴转向，故其所需转向力矩一般较大，现阶段无法使用纯电动转向器。

2.1.1 特种车转向系统方案

为实现特种车的线控转向功能，目前一般基于传统液压助力转向系统进行升级，在传统液压助力转向器的基础上增加一套电控模块，包括传感器、电机及控制器等，即所谓的电控液压助力转向（EHPS），增加 EHPS 后可实现转向系统的电控化，进而实现线控转向，系统结构简图如图 17-6 所示。

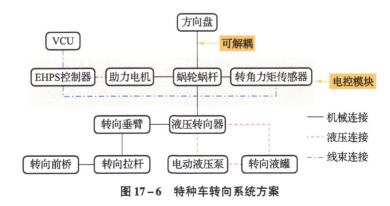

图 17-6 特种车转向系统方案

2.1.2 特种车转向技术

面向 2025 年,特种车大力矩线控转向技术主要需从如下几方面进行提升和改进。

1) 提升可靠性,采用多冗余 EHPS,采用双绕组电机或双电机、冗余传感器 (4T+2A)、双路电源、双路 CAN 以及冗余的软件架构等,实现硬件、软件全冗余,单点失效时立即切换为备份状态,实现线控转向安全性能提升。

2) 提升功能安全等级,基于流程驱动、覆盖产品全生命周期、覆盖电子电气的各方面及支持过程,按照 ISO 26262《道路车辆 功能安全》标准中的规范要求(图 17-7)进行电控开发,实现 ASIL D 级功能安全等级。同时分析线控

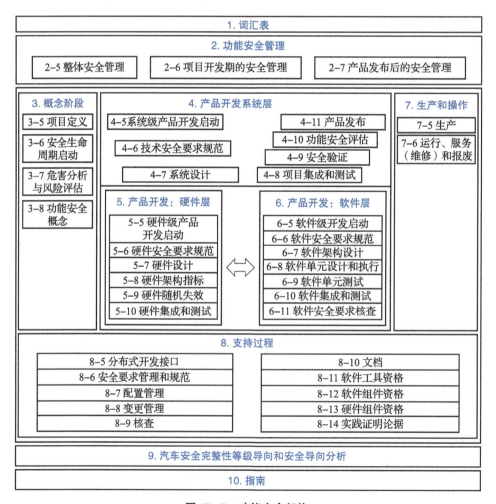

图 17-7 功能安全架构

转向系统失效模式与应急机制，基于先进故障诊断方法提升线控转向故障诊断及容错控制能力。

3）开发大力矩纯电动转向器，如采用双电机循环球转向器、行星齿轮式电动转向器等，实现特种车纯电动转向，提升转向可控性。

4）丰富线控转向功能，通过增加补偿功能（如摩擦、惯性、相位等）、增加保护功能（如过压、过温、软止点等）、增加高级功能（如侧风补偿、力矩叠加控制、不同路面补偿等），提升手动驾驶舒适性；通过转角控制、多模式助力、转向限制保护等功能的实现满足高级别自动驾驶需求。

5）提升主动转向控制性能，实现车道保持、自动泊车、人工接管以及自动驾驶等高级功能。

2.1.3 特种车大力矩线控转向指标

面向 2025 年的特种车大力矩线控转向指标如下。

1）输出力矩≥8000N·m。

2）转向响应时间≤30ms。

3）转向手力≤20N（可标定）。

4）转向角速度≥450(°)/s。

5）转向冗余切换时间≤50ms。

6）功能安全等级满足 ASIL D 级要求。

7）电子故障率<10FIT。

8）设计寿命≥5 年。

2.2 制动系统

目前在特种车领域的线控制动技术，也是按照电控气压制动和电控机械制动两条技术路线来发展的。

2.2.1 电控气压制动系统

1. 4S/4M 气压 EBS

典型的 4S/4M 气压 EBS 由制动主缸、EPB 模块、2 个 ABS 电磁阀、单通道模块、双通道模块组成。EBS 系统中，核心部件是单通道/双通道轴模块。8×4 自卸车 4S/4M EBS/ESC/EPB 系统结构如图 17-8 所示。

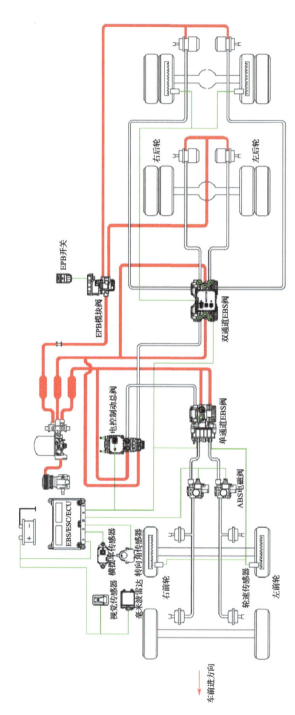

图17-8 8×4自卸车4S/4M EBS/ESC/EPB系统结构

双通道后桥模块阀（图17-9）内部集成了 ABS 电磁阀调压功能，其余与单通道模块阀（图17-10）工作原理一致。

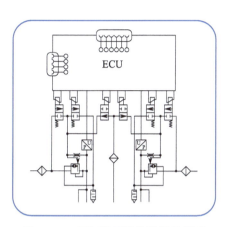

图 17-9　双通道后桥模块阀示意图

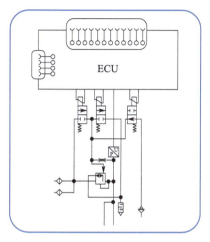

图 17-10　单通道模块阀示意图

2. 电子驻车系统

电子驻车制动系统是通过电子控制方式实现驻车制动及驻车制动与行车制动相结合的电子控制系统。EPB 将传统的机械式驻车制动变成了电子控制驻车制动，其核心部件为 EPB 模块阀，如图 17-11 所示。它用电子元件取代部分机械元件，融合行车制动、驻车制动等功能；车辆熄火时，即使忘了启用驻车制动，系统也会自动完成驻车；车辆起步时，即使驾驶员忘了解除驻车制动，驻车制动也会自动解除。车辆在坡道起步时，也不会倒溜，使得车辆更为智能、安全、便于操控，减少事故的发生。

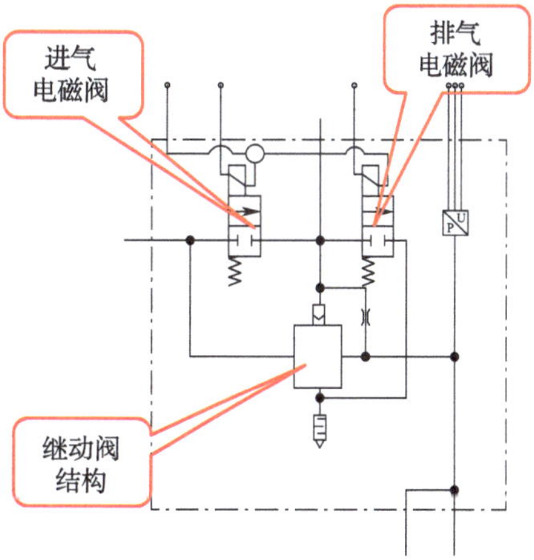

图 17-11　EPB 模块阀示意图

3. EBS 制动能量回收

EBS 能实现制动的完全解耦，协调气压制动力与电机回馈制动力，可实现制动与滑行能量回馈，根据具体车型及工况定制能量回收比例。EBS 制动能量回收策略如图 17-12 所示。

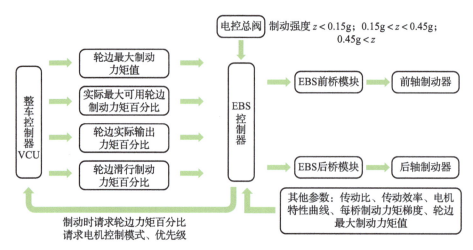

图 17-12　EBS 制动能量回收策略

2.2.2　电控机械制动系统

图 17-13 是采用 EMB 的商用车全线控制动系统，整个系统采用全电控和电机驱动的制动钳，系统的制动电能由车载 24V 蓄电池提供。

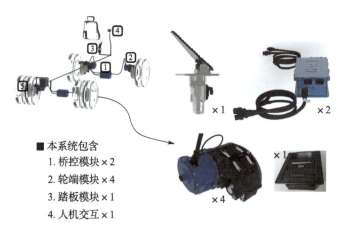

■ 本系统包含
1. 桥控模块 ×2
2. 轮端模块 ×4
3. 踏板模块 ×1
4. 人机交互 ×1

图 17-13　EMB 系统示意图

2.2.3　线控制动系统冗余架构

1. EBS 内部分布式冗余

EBS 内部分布式冗余原理如图 17-14 所示。前桥模块和后桥模块中任一模块发生故障时，另一模块仍能正常工作。该方案成本较低，原理简单，在原 EBS 的基础上即可实现，但冗余制动时制动性能降级。

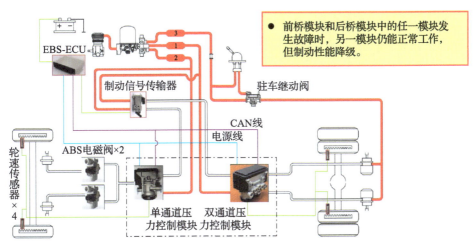

图 17-14　EBS 内部分布式冗余原理

2. 线控制动阀（类 iBooster 模块）内控制器系统冗余方案

线控制动阀（类 iBooster 模块）内控制器系统冗余方案原理如图 17-15 所示。当 EBS 失效时，由线控制动阀（两个类 iBooster 模块）内控制器临时接管工作，提供线控制动。

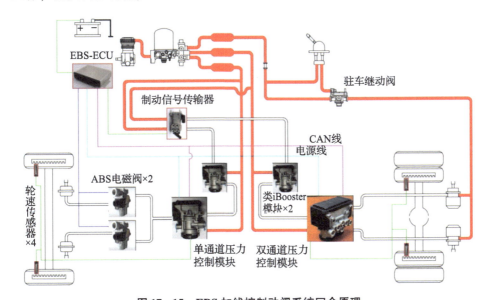

图 17-15　EBS 加线控制动阀系统冗余原理

优点：当 EBS 失效后仍可通过制动踏板实现车辆制动，且两个类 iBooster 模块分别控制前后桥制动，可实现其中一个类 iBooster 模块失效情况下的车辆制动。

缺点：需要对冗余电源、冗余底盘 CAN 进行规划，且此方案并不具备轮速传感器冗余设计，当 EBS 系统失效后只能实现车辆制动，而无法通过 ABS 功能进行轮端制动力调节。

3. EBS 控制器与 EPB 阀控制器相互冗余

EBS 控制器与 EPB 阀控制器相互冗余原理如图 17-16 所示，当 EBS 控制器出现故障时，由 EPB 阀控制器临时接管工作，提供线控制动。

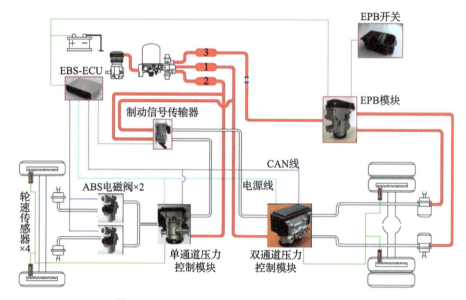

图 17-16　EBS 与 EPB 两系统间相互冗余原理

优点：不需要任何冗余控制机构，可直接使用 EPB 进行冗余控制，结构简单、成本低，且目前已经有成熟的应用方案。

缺点：由于 EPB 本身制动力较弱，在 EBS 失效的情况下并不适用于高车速时的车辆制动，仅适用于特种车行驶路况。

4. EMB 冗余架构

面向 2025 年的商用车智能底盘，EMB 具有双电源、双通信、控制器冗余、传感器冗余、双绕组电机冗余设计，一路失效，另一路仍能工作，保证车辆可以通过功能降级实现安全停车。

2.2.4　高冗余线控制动技术指标

面向 2025 年，高冗余线控制动期望达到的技术指标如下。

1) 面向 2025 年，配备线控气压制动系统的车辆在开放道路上能够进行高度智能驾驶，极端路面多车协同制动性能一致（L4 级自动驾驶）。

2) 面向 2025 年，小吨位工程车全面搭载 EMB 系统，在开放道路上能够进行高度智能驾驶，极端路面多车协同制动性能一致（L4 级自动驾驶）。

3) 前后桥模块阀采用插装式高灵敏度电磁阀，响应快，开启时间为 4ms，制动响应时间低于 400ms，有效缩短制动距离。

4) 在不同载荷下，线控制动系统具备减速度精准控制功能、ABS 功能、TCS 功能等。

5) 在紧急转向工况下，车辆可基于差动制动控制进行横摆稳定性和侧翻稳定性控制功能。

6) 在制动过程中，线控制动系统能实现主挂车一致性控制功能。

7) 在制动过程中，线控制动系统根据工况及载荷，自动调节能量回收比例，在保证安全性的情况下实现最大化能量回收。

2.3 电驱动系统

2.3.1 特种车电驱动系统介绍

根据动力总成布置方式，特种车辆的电驱动系统大致可分为中央直驱式、集成式电驱动桥、轮边/轮毂电机驱动桥三种布置类型。

1. 现阶段技术情况

特种车辆主流的电驱动系统方案为中央直驱，将传统燃油汽车的发动机与变速器替换成驱动电机动力总成，同样依靠传动轴连接动力总成和驱动桥，实现动力传递，如图 17-17 所示。

图 17-17 中央直驱式布置

中央直驱方案的主流动力总成方案为驱动电机加 AMT 的形式。

其技术特点如下。

1) 结构简单，对现有的燃油汽车架构改动小。

2) 技术成熟，市场供应链完善，产业化程度高。

3) AMT 换档过程动力中断。

4）单一动力源，无冗余，失效后整车无动力。

5）传动系统效率低。

6）电驱动系统与传动系统空间占用大，不利于电池包布置。

2. 中期规划

到2025年，特种车辆电驱动系统的发展方向为集成式电驱动桥。

集成式电驱动桥是动力总成和驱动桥的集成，也是电动重型货车电气化、集成化、模块化的产物。该方案去除传动轴，驱动电机动力通过变速器、差速器、车轮传动轴直接传递给驱动轮。

其技术特点如下。

1）搭配高效大功率电机、高速CAN、动力域控制技术，有效提升特种车辆电驱动系统效率、换档舒适性以及上下坡场景的换档可靠性。

2）双电驱动桥驱动，双动力源冗余，单桥动力失效后，第二桥可作为动力补充。

3）没有传动轴，可为电池包布置腾出空间。

4）集成式电驱动桥因簧下质量增加，降低了整车操控性。

5）复杂的结构带来更高的故障率和低可维修性。

3. 长期规划

到2030年，特种车辆电驱动系统的发展方向为轮毂电机技术。

轮毂电机系统是将电机和固定速比的行星齿轮减速器安装在车轮里面，组成一个驱动轮系统，如图17-18所示。

其技术特点如下。

1）各驱动轮可实现独立控制，大大减小车辆的转弯半径，在特殊情况下甚至可以实现原地转向。

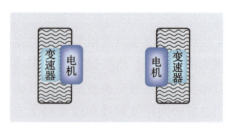

图17-18 轮毂电机驱动布置

2）搭配车用以太网通信技术，转速控制精度高，响应时间短，车辆动力及时，操作稳定性好。

3）大幅简化车辆底盘系统，降低车辆设计制造难度。

4）多动力源冗余，单个甚至多个动力源失效后，车辆依然有动力，大幅提升了特种车辆的脱困性能。

5) 低空间占用量。

6) 簧下质量大，降低整车操控性。

7) 可靠性差，轮毂电机工作环境恶劣，易损坏。

8) 轮毂电机散热难，车辆制动系统热衰退明显。

轮毂电机技术相比中央直驱技术与集成式电驱动桥技术拥有明显的技术优势，主要体现在节能降耗、增加整车空间利用率、简化车辆结构降低设计与制造成本、独立驱动更加适应电动汽车智能化发展趋势等方面。

2.3.2 特种车电驱动系统技术方向

总体来看，特种车辆的电驱动系统技术发展方向总结如下。

1) 采用高效大功率电机。

2) 电驱动桥集成以及轮端、轮毂集成，减少传动损失与空间占用量。

3) 桥或轮端、轮毂独立驱动，提升车辆脱困能力，减小转弯半径，提升车辆稳定性。

2.3.3 特种车电驱动系统技术指标

面向 2025 年，特种车电驱动系统开发以高功率集成式电驱动桥为主，其技术指标见表 17-1。

表 17-1 特种车高功率集成式电驱动桥系统技术指标

核心技术指标	2025 年指标预测值
电机功率（峰值 60s）/kW	300
电机持续功率/kW	200
整桥输出转矩峰值/N·m	85000
动力总成功率密度/（kW/kg）	0.6
驱动电机转矩密度/（N·m/kg）	20
最高效率（％）	92
系统 CLTC 综合使用效率（％）	80

2.4 中央控制器

2.4.1 特种车中央控制器介绍

随着 IT 技术的兴起，汽车电子得以迅速发展。而物联网（IoT）的兴起及日益严苛的排放标准加速了新能源汽车的发展。自动驾驶及智能网联新技术的广泛应用,以及移动出行及功能多样化的需求,促使智能网联汽车从单车智能逐步向车路云协同发展的路径转变。智能网联汽车不仅与基础设施网联通信,而且向车车交互(V2V)、车与基础设施交互(V2I)、车与人交互(V2P)等更加深入的网联协同方向全面发展。智能网联汽车推动新型电子电气架构演进,软件定义/数据驱动将成为汽车未来的发展趋势,主要表现为①自动驾驶快速发展;②计算高度集中;③通信高速发展;④汽车操作系统及中间件快速发展及标准化;⑤车云技术快速发展;⑥高集成化芯片快速发展。

传统汽车电子系统缺陷明显,已经难以满足未来汽车软件化的需求。未来基于域控制器、中央计算平台的电子电气架构将成为趋势。智能网联汽车新型电子电气架构优势明显,主要体现在以下几个方面:①可使车辆软硬件分离,充分利用硬件性能,提高软件复用率,降低整体成本;②汽车企业可主导核心算法开发、自主软件系统的开发与应用,从而实现车辆性能、功能的持续优化与迭代更新;③能适应新一代智能网联汽车应用场景的需求,尤其是柔性底盘、智能座舱、自动驾驶等领域;④新型架构开发模式/开发流程,可改善多单位联合开发效率,形成资源共享和互操作性,如面向服务的架构;⑤平台架构的基础应用集成方案,如诊断、V2X、OTA、冗余、配置管理、网络管理等,可提升新平台开发或平台变更效率。

国内主机厂电子电气架构整体方案与国外传统主机厂方案相当,都处在域控制或域控制到域融合的过渡阶段,但是与行业处于领先地位的特斯拉架构方案相比,有3~5年的差距,这些差距主要体现在以下方面。

1)在功能软件的设计模型方面,国内主机厂自主设计的车载核心功能较少,尤其缺少核心功能设计、开发、验证能力积累,导致整车电子电气架构设计和验证缺少完整的功能模型,设计方案的整体性评估、论证、检验不充分。国外主机厂普遍掌握核心的车载电气功能技术方案、设计模型,并通过模型验证实现设计方案的早期论证,在此基础上,进一步开展基于模型的系统工程设计,以全局视角设计电子电气架构方案。

2)在控制器底层软件产品方面,由于我国主机厂缺乏对底层软件产品的需求定义、验证能力,多采用市场有认证的底层软件产品。软件的认证权限多集中在由国外主机厂、产品供应商主导的技术协会手中,市场底层软件产品多为国外产品,我国产品的应用范围少、用量少,很难持续发展并完善。此外,汽车电子对于底层软件的要求严格,目前国内外主机厂主要依赖国外零部件供应商，而国内自主研发的产品较难得到应用机会。

3）在主流车载总线技术方面，国外主机厂已经研发、试验应用10Mbit/s左右带宽的加密传输控制命令的总线技术（如CAN-XL 10Mbit/s以太网），10~30Gbit/s带宽的传递环境场景、音视频流数据的总线技术（如高带宽以太网、SerDes等）。国内现有的有线通信技术碎片化，技术被国外垄断，无法互通，难以满足国内智能网联汽车在通信方面的需求。

4）网络架构设计方面，智能网联汽车的通信网络需要满足大带宽、高实时性的要求，车载以太网作为车载网络中的主干网是新型网络架构的必然趋势。国际上基于车载以太网的新型网络拓扑结构以及通信协议已经基本成型，而国内车载以太网的研究和应用较少，无法在车载以太网标准发布后快速进入应用阶段。

对于高安全性、高效率、作业场景典型的工程车辆，电动化、智能化、网联化是发展方向。分布式控制系统的计算性能、通信带宽、变型管理、迭代升级、跨域功能等方面存在局限，越来越难以承载新功能、新算法、新架构、新用户的需求。基于集中式电子电气架构、满足算力集中、软件集中、线束集成的中央控制器是未来控制器的发展方向。中央控制器适配中央集中式电子电气架构，解决现有分散式控制器在功能增长过程中暴露的技术痛点。中央控制器能适应智能驾驶/车路云协同的高算力要求；可集中实现强耦合功能逻辑与算法，团队形成合力；具有更高效的软件开发流程适应性，可实现快速迭代。

2.4.2 特种车中央控制器技术方向

特种车中央控制器的技术方向见表17-2。

表17-2 特种车中央控制器技术方向

技术方向	具体说明
高算力	AI芯片能够满足L2+级智能驾驶的算力需求 能够同时集成整车控制、电池管理、区域网关、驾驶辅助等功能，并保证实时性
高扩展	英飞凌TC397+国产AI芯片组成可扩展平台，可升级扩展 高速串行接口间通信，可根据算力需求扩展芯片数量
高速率	支持以太网通信，可满足千兆通信需求 可实现软件包高速下载升级
高解耦	满足软件分层架构开发，应用层软件与硬件平台完全解耦 若需硬件算力升级，软件可快速进行100%移植

2.4.3 特种车中央控制器技术指标

特种车中央控制器技术指标见表 17-3。

表 17-3 特种车中央控制器技术指标

指标名称	指标值	备注
中央控制器功能跨域集成	可实现以下功能集成： 仪表、中控、ADAS、VCU、TBOX、GW	多板多系统跨域融合
通信速率	以太网：100Mbit/s	支持 TSN 车载以太网
算力	20kDMIPS + 20TOPS	车控部分

第 18 章
展望与建议

在汽车电动化与智能化过程中，底盘也经历了从机械底盘到电动底盘，再到智能底盘的技术变革。智能底盘是实现智能驾驶的核心执行机构，是与智能汽车安全、可靠行驶以及减排降碳等紧密相关的重要组成部分。在"节能、安全、环保"的趋势下，面对汽车智能化的大浪潮，我们需要结合整个行业的力量，确定有中国特色的商用车智能底盘技术体系、标准体系、产品体系，建立商用车智能底盘自主产业链。

1 共性技术

1. 发展展望

商用车智能底盘产品平台未来的发展将会朝着底盘线控化、底盘高度集成化、面向客户定制化特定场景的驾驶高度智能化等方向发展。智能底盘将会更加聚焦于安全、节能、智能。

对于商用车多智能底盘产品平台的发展展望，我们可以预见以下几个方面。

1）线控化：未来的商用车智能底盘各个子系统将高度线控化，制动系统、转向系统、悬架系统、驱动系统各自部件的线控化水平不断发展，控制技术水平不断得到提升。

2）集成化：未来的商用车智能底盘将朝着线控一体化智能底盘发展。在执行机构层面上朝着制动、转向、悬架、驱动机械结构集成的方向持续创新发展；在控制层面，朝着纵、横、垂深度融合控制发展，更进一步提升商用车的行驶安全性。

3）特定场景下的高度智能驾驶：在市场新变化下，商用车的商业模式发生巨大变化。服务化已经成为商用车整车智能化发展的重要方向。这使得商用车智能底盘需在特定场景下实现高度无人驾驶功能，更进一步可根据特定场景规划行驶路线，提高商用车节能水平。

2. 建议

在商用车智能底盘蓬勃发展的同时，也面临一些挑战和潜在的问题。例如在新技术发展的同时，相关的法规、标准等不能及时更新或存在空白，新技术的发展对原有的产业链提出更高的要求并推升成本，智能底盘部分产业链自主化程度不高等问题。

因此，对于商用车智能底盘产品平台的发展，提出如下建议。

1）法规标准及时更新：结合行业力量，及时针对最新技术的发展状况，对相关法律法规和标准进行修改和补充，尤其是针对空白部分。

2）成本控制：在技术创新的同时，严格对成本进行控制，充分考虑商用车节能能力、成本提升、安全性提升等方面的均衡性。

3）加强行业和产业链合作：针对智能底盘的基础产业，如芯片、测试、软件工具链等，加强行业上下游的合作，针对测试场景等，加强行业的合作与共享，减少开发周期和重复开发等成本。

总体来说，随着汽车智能化的不断深入，商用车智能底盘也会不断地进行发展和技术创新，与之同时也会不断面临新的问题和挑战。我们需要汇聚行业的力量和资源，不断进行交流、合作、创新、优化，以推动有中国特色的商用车智能底盘技术和产品的持续进步和发展。

2 产品平台

1. 重型货车平台

（1）发展展望

1）高效节能：在创新、绿色的发展理念下，重型货车智能平台将会面向特定运行场景，结合智能网联技术，开发低功耗、高可靠性、高能量回收的重型货车低碳智能底盘产品，降低能耗和排放，更进一步降低用户成本。

2）高安全性：通过智能传感器、先进算法、人工智能等技术对线控制动、大力矩电动转向、高效率电驱动等重型货车智能底盘子系统关键技术进行深度开发，进一步提升重型货车智能底盘的安全性。

3）高集成：通过重型货车智能底盘各子系统之间的深度集成及协同技术，实现车辆纵、横、垂精确控制，进一步提升车辆的控制精度。

4）多场景自动化测试：在测试方面，通过行业协同、跨专业融合等，突破跨系统功能安全、底盘测试及评价难题。建成覆盖多场景的自动化低碳重型货车智能底盘创新测试体系。

（2）建议

1）深入市场调研：通过大数据与客户调研，面向用户需求，建立适用于商用车重型货车的运输场景库，为重型货车智能底盘的技术开发和测试奠定基础。

2）研发投入与创新：面向未来智能驾驶的发展，加大重型货车智能底盘的研发资源投入，加强跨专业的交流协作，进行技术和产品的创新。

3）标准及法规的修订：针对重型货车运行场景和智能底盘中出现的新技术，与行业交流协作，对标准及法规进行及时的修正与增补，以推动智能底盘新产品的落地及产业化。

综上所述，商用车智能底盘产品平台的重型货车平台在智能化时代具有巨大的发展潜力。我们通过深入的市场调研、持续的研发投入及创新、实时的标准及法规修正及增补等措施，可以更加迅速地推动重型货车平台的发展，为用户提供更安全、更节能、更舒适的重型货车智能底盘产品。

2. 轻型货车平台

（1）发展展望

1）环保与低碳低能耗：在法规与政策的外部驱动，以及终端用户对生产资料运营成本极致化追求的内在驱动作用下，作为城市和城郊主要物流工具的轻型货车平台，将更为关注低碳环保技术的应用，聚焦底盘控制技术升级，加速低能耗技术落地，助力绿色物流的实现。

2）舒适与平稳的物流："80后""90后"已成为轻型货车用户主流，且"90后"用户比例日益增加，随着用户的年轻化，其对便利化、舒适性、人性化配置的需求持续提升。在底盘集成技术上，应更为关注低噪声、低振动、低货台高度以及小转弯半径等技术路径，降低用户驾驶及搬运货物的疲劳度，助力幸福物流的实现。

3）更高的智能与安全性：物流行业处于数字化变革的重要阶段，轻型货车产品平台将加速实现智能网联化，结合高精度地图、交通管理平台以及车队管理系统，实现物流车辆运营及产品调度的智能化。同时，由于商用车的特点，安全性技术也将更为快速地在商用车领域得到应用，保证用户、货物以及环境的三位一体安全性，助力智慧安全物流的实现。

（2）建议

1）标准体系与政策法规：加速建立健全智能底盘的标准体系，确保产品的合规性和安全性，为规范化的物流运输业提供有力的基础保障，并基于此推动相应的政策法规升级，牵引物流行业发展。

2）产业链升级：轻型货车平台产业上下游需持续投入资源进行技术和工艺升级，不断探索新型材料、全新结构、控制理论以及新工艺的产业化应用，加强功能安全开发能力，提升国产化智能底盘的性能与产品质量。

3）市场的细分与用户的个性化：深度洞察市场物流的供需情况与商业模式的变化，在大规模批量生产向大规模定制化生产转变的趋势下，既要做好底盘的平台化开发，又要赋能精细化颗粒度的产品需求，提升用户黏性。

4）全生命周期与价值链协同：深度探索轻型货车底盘在设计、采购、销售、运营服务、报废回收及再生产各个环节中的产业模式，提升产业的价值体量，将重心向价值链后移，将传统底盘价值链聚焦的"制造"，向智能底盘价值链的"智造+服务"进行转变。

3. 客车平台

（1）发展展望

1）深度智能化：经过多年的技术积累和产业实践，客车智能底盘产品平台再次迎来了新的发展节点——电动化与网联化深度融合。通过线控底盘与现代通信和网络技术的深度融合，实现车辆与运行环境的互联互通，大幅提高运营效率。

2）高度集成化与轻量化：通过推广应用高速电机、高效减速器、车桥一体化集成技术，将使客车集成化与轻量化水平得到大幅提升，支撑了未来低地板客车的发展需求。

3）高效节能：基于客车智能底盘产品平台，采用高效能量回收控制技术，将实现节能和排放降低，对国家"双碳"目标落地、能源安全和环保具有重要战略意义。

（2）建议

1）加强技术研发及创新能力：持续投入资源进行技术研发和创新，推动客车智能底盘产品平台在智能化、集成化等方面的不断进步，以满足市场及客户对客车安全、节能、舒适等性能的高要求。

2）强化标准制定与合规性：针对客车的市场运营环境及其特点，制定和完善相应的技术标准和法规，确保产品的合规性和安全性，切实保障客车智能底盘产品平台的健全发展。

3）深化产业链合作：加强客车整车企业与供应商的深度合作，共同研发和完善智能底盘技术，打造完善的智能驾驶与线控底盘集成匹配及验证体系。

4）注重产品细节与品质：在客车智能底盘产品平台的开发和生产过程中，严控产品质量、规范售后服务，把高品质的产品推向国际市场，并长期经营好国际市场，为中国品牌增光添彩。

综上所述，客车智能底盘产品平台具有广阔的发展前景和巨大的市场潜力，通过加强技术研发、完善标准体系、深化产业合作和提升产品品质等措施，可以推动客车智能底盘产品平台的快速发展，并实现把高品质的产品推向国际市场。

4. 特种车平台

（1）发展展望

1）高度智能化与网联化提升安全性：商用车智能底盘产品平台的特种车将实现更高级别的智能化和网联化，借助先进的传感器、算法和人工智能技术，通过与云平台调度中心的深度融合，实现车辆与调度中心的互联互通，提高作业效率和安全性。

2）低碳环保与节能高效：随着环保意识的增强和新能源技术的发展，商用车智能底盘产品平台的特种车将更加注重低碳环保和节能高效，采用先进的动力系统和能量回收技术，降低能耗和排放，为社会可持续发展做出贡献。

3）舒适性：商用车智能底盘产品平台的特种车将致力于提升驾乘舒适性，通过优化底盘设计、降低噪声和振动，以及提供智能化的驾驶辅助系统，为客户提供更为舒适的体验。

4）快补能：随着材料科学的进步，应用高电池能量密度材料，采用高电压平台和大充电电流技术实现车辆快速补能，满足客户运营需求。

（2）建议

1）加强技术研发与产业协同：针对商用车智能底盘产品平台特种车的特殊

需求，加强技术研发和产业协同，推动智能底盘技术、新能源等领域的深度融合，形成完整的产业链和生态圈。

2）完善标准体系与法规制度：建立健全的商用车智能底盘产品平台特种车的标准体系和法规制度，确保产品的合规性和安全性，推动行业的健康发展。

3）加强市场调研与需求分析：深入了解商用车智能底盘产品平台特种车市场的需求和趋势，注重用户体验和反馈，分析潜在客户的偏好和期望，及时调整和优化产品设计和服务模式，提升用户满意度。

4）示范应用与市场推广：通过示范应用和市场推广，展示商用车智能底盘产品平台特种车的优势和应用效果，提高公众的认知度和接受度，推动市场的快速发展。

综上所述，商用车智能底盘产品平台的特种车具有巨大的发展潜力和市场前景。通过加强技术研发、完善标准体系、提高用户体验和推广示范应用等措施，可以推动商用车智能底盘产品平台特种车的快速发展。

附　录

附录A　缩略语表

序号	英文缩略词	英文全称	中文名称
1	ABS	Anti-lock Braking System	防抱死制动系统
2	ACC	Adaptive Cruise Control	自适应巡航控制
3	ACM	Axis Control Module	轴控模块
4	ADAS	Advanced Driving Assistance System	高级驾驶辅助系统
5	ADCU	Automotive Driving Control Unit	自动驾驶控制单元
6	AEB	Automatic Emergency Braking	自动紧急制动
7	AEBS	Automatic Emergency Braking System	自动紧急制动系统
8	AEP	Adapted Electric Platform	传统油改电平台
9	AEVD	Adapted Electric Vehicle Design	在旧平台基础上设计的电动汽车平台
10	AFS	Active Front Steering	主动前轮转向
11	AHC	Active Height Control	主动悬架高度控制
12	ALC	Automatic Lane Change	自主换道
13	APA	Automatic Parking Assist	自动泊车辅助
14	ASIL	Automotive Safety Integrity Level	汽车安全完整性等级
15	ASS	Active Suspension System	主动悬架系统
16	ASR	Anti-Slip Regulation	驱动防滑系统
17	AVB	Audio Video Bridging	音视频桥接（技术）
18	AVH	Auto Vehicle Hold	自动驻车
19	AVP	Automated Valet Parking	自动代客泊车
20	AVS	Adaptive Variable Suspension	适应式可调悬架系统
21	BAT	Battery	电池
22	BBW	Brake-by-Wire	线控制动
23	BMS	Battery Management System	电池管理系统
24	BOM	Bill of Material	物料清单
25	BRT	Bus Rapid Transit	快速公交
26	BST	Brake Signal Transmitter	制动信号传输器

（续）

序号	英文缩略词	英文全称	中文名称
27	CA	Conditional Autonomous	有条件自动（驾驶）
28	CAN	Controller Area Network	控制器局域网
29	CAN FD	CAN with Flexible Data Rate	可变速率的 CAN
30	CDC	Continuous Damping Control	连续减振控制
31	CDC	Chassis Domain Control	底盘域控制（器）
32	C-EPS	Column Type-Electric Power Steering	转向柱助力式电动助力转向
33	CLTC	China Light-duty Vehicle Test Cycle	中国轻型车辆测试循环
34	CNN	Convolutional Neural Networks	卷积神经网络
35	CPU	Central Processing Unit	中央处理单元
36	CRBS	Cooperative Regenerative Brake Systems	协作式再生制动系统
37	CST	Comfort Stop Technology	舒适制动技术
38	CTC	Cell to Chassis	电芯到底盘集成
39	CTV	Cell to Vehicle	电芯到车辆集成
40	CTB	Cell to Body	电芯到车身集成
41	CTP	Cell to Pack	电芯到电池包集成
42	C-V2X	Cellular Vehicl to X	蜂窝车联网
43	DA	Driving Assistant	驾驶辅助
44	DBW	Drive-by-Wire	线控驱动
45	DCU	Domain Control Unit	域控制单元
46	DDT	Dynamic Driving Task	执行动态驾驶任务
47	DMIPS	Dhrystone Million Instructions Executed Per Second	Dhrystone 测试每秒执行百万条指令数
48	DIL	Driver-in-the-Loop	驾驶员在环
49	DTC	Direct Torque Control	直接转矩控制
50	DP-EPS	Dual Pinion Type-Electric Power Steering	双小齿轮助力式电动助力转向
51	DYC	Direct Yaw Control	直接横摆力矩控制
52	EBD	Electronic Brake Distribution	电子制动力分配
53	EBS	Electronic Brake Systems	电子制动系统
54	ECU	Electronic Control Unit	电子控制单元
55	ECAS	Electronically Controlled Air Suspension	电控空气悬架

(续)

序号	英文缩略词	英文全称	中文名称
56	EDC	Electronic Damper Control	电子减振控制
57	EE	Electronic Engineering	电子电气（架构）
58	EHB	Electro-Hydraulic Brake	电子液压制动
59	EHPS	Electro-Hydraulic Power Steering	电控液压助力转向
60	EMB	Electro-Mechanical Brake	电子机械制动
61	EPB	Electronic Parking Brake	电子驻车制动
62	EPS	Electric Power Steering	电动助力转向
63	EPHS	Electric Pump Powered Hydraulic Steering	电动泵式液压助力转向
64	ESC	Electronic Stability Control	电子稳定性控制
65	ESP	Electronic Stability Program	电子稳定程序
66	ESS	Emergence Stop Signal	紧急制动信号
67	EVP	Electrical Vacuum Pumps	电子真空泵
68	EVHPS	Electric Valve Hydraulic Power Steering	电磁阀式液压助力转向
69	FTA	Fault Tree Analysis	故障树分析
70	FTTI	Fault Tolerant Time Interval	故障容错时间间隔
71	GVW	Gross Vehicle Weight	车辆总质量
72	GW	Gateway	网关
73	HA	Highly Autonomous	高度自动（驾驶）
74	HARA	Hazard Analysis and Risk Assessment	危害分析与风险评估
75	HBA	Hydraulic Brake Assistant	液压辅助制动
76	HBC	Hydraulic Brake Failure Compensation	液压制动失效补偿
77	HBMC	Hydraulic Body Motion Control	液压车身运动控制
78	HCU	Hydraulic Control Unit	液压控制单元
79	HDC	Hill Descent Control	下坡控制
80	HHC	Hill Hold Control	坡道起步辅助
81	HIL	Hardware-in-the-Loop	硬件在环
82	HPP	Home Zone Parking Pilot	家庭记忆泊车
83	HPS	Hydraulic Power Steering	液压助力转向
84	HSAC	Hill-Start Assist Control	上坡辅助控制

(续)

序号	英文缩略词	英文全称	中文名称
85	HWA	Highway Assist	高速公路辅助
86	HWP	Highway Pilot	高速公路领航
87	IBS	Intelligent Braking System	智能制动系统
88	IC	Integrated Circuit	集成电路
89	ICT	Information and Communication Technologies	信息与通信技术
90	IG	Ignition	点火
91	IMU	Inertia Measurement Unit	惯性测量单元
92	IoT	Internet of Things	万物互联（物联网）
93	IPB	Integrated Power Brake	智能集成制动
94	IVC	Integrated Vehicle Dynamics Control	集成式车辆动态控制
95	LCC	Lane Centering Control	车道居中控制
96	LDWS	Lane Departure Warning System	车道偏离预警系统
97	LIDAR	Laser Radar	激光雷达
98	LIN	Local Interconnect Network	局域互联网络
99	LKA	Lane Keeping Assistance	车道保持辅助系统
100	MCU	Microcontroller Unit	微控制单元
101	MIL	Model-in-the-Loop	模型在环
102	mHIL	Mechanical Hardware-in-the-Loop	机械式硬件在环
103	MRC	Minimal Risk Condition	最小风险条件
104	MS	Mechanical Steering	机械转向
105	MSG	Mechanical Steering Gear	机械转向机
106	NEP	New Electric Platform	全新设计电动汽车平台
107	OBC	On-Board Charger	车载充电机
108	ODD	Operational Design Domain	运营设计域
109	OEM	Original Equipment Manufacturer	原始设备制造商
110	OTA	Over-the-Air	空中下载（技术）
111	PA	Partial Autonomous	部分自动（驾驶）
112	P-EPS	Pinion Type-Electric Power Steering	小齿轮助力式电动助力转向
113	PMIC	Power Management IC	电源管理芯片
114	PTS	Pedal Travel Sensor	踏板行程传感器

(续)

序号	英文缩略词	英文全称	中文名称
115	RBU	Redundant Brake Unit	制动冗余单元
116	RBS	Regenerative Braking System	再生制动系统
117	RCU	Redundancy Control Unit	辅助控制单元
118	RD-EPS	Rack Direct Type-Electric Power Steering	齿条助力式电动助力转向
119	RFID	Radio Frequency Identification	无线射频识别
120	RPA	Remote Parking Assist	遥控泊车辅助
121	RSS	Redundant Steering System	冗余转向系统
122	RTC	Real Time Clock	实时时钟
123	RWS	Rear Wheel Steering	后轮转向
124	SAS	Steering Angle Sensor	转角传感器
125	SBC	System Basis Chip	系统基础芯片
126	SBW	Steer-by-Wire	线控转向
127	SDV	Software Defined Vehicle	软件定义汽车
128	SIL	Software-in-the-Loop	软件在环
129	SOA	Service-Oriented Architecture	面向服务的架构
130	SOC	System-on-a-Chip	系统级芯片
131	SOTIF	Safety of the Intended Functionality	预期功能安全
132	TAS	Torque Angle Sensor	转矩转角传感器
133	TBOX	Telematics Box	远程通信终端
134	TCS	Traction Control System	牵引力控制系统
135	TCO	Total Cost of Ownership	全生命周期成本
136	TOPS	Tera Operations Per Second	每秒太（10^{12}）次处理操作（处理器运算能力单位）
137	TPMS	Tire Pressure Monitoring System	轮胎压力监测系统
138	TSN	Time-Sensitive Network	时间敏感网络
139	VDC	Vehicle Dynamics Control	车辆动态控制
140	VGRS	Variable Gear Ratio Steering	可变传动比转向
141	V2X	Vehicle to X	车对外界的信息交换
142	4WD	4 Wheel Drive	四轮驱动

附录 B　主要参与单位

智能底盘技术平台定义		
类别	单位	姓名
组长	清华大学	何承坤
成员	比亚迪汽车工业有限公司	凌和平
	一汽解放汽车有限公司	万里恩
	蜂巢智能转向系统（江苏）有限公司	王朝久
	北京经纬恒润科技股份有限公司	范成建
	清华大学	马瑞海
	蜂巢智能转向系统（江苏）有限公司	陈东旭
	炯熠电子科技（苏州）有限公司	张晨晨
	合肥工业大学	张炳力
	重庆长安汽车股份有限公司	乔斌
	东风商用车有限公司技术中心	任卫群
	扬州亚星客车股份有限公司	赵苗苗
	上海交通大学	吴晓东
	东风汽车集团研发总院	赵春来
	江铃汽车股份有限公司	余金霞
	舍弗勒智能驾驶科技（长沙）有限公司	谢华明
	吉利汽车研究院（宁波）有限公司	宋怀文
	北京航空航天大学	陈飞
	辰致科技有限公司	张玉玺
	吉林大学	郑宏宇
	上海利氪科技有限公司	毛新星
	北京索德电气工业有限公司	华旸
	上海蔚来汽车有限公司	袁明
	长城汽车股份有限公司	孙晖云、杨文谦
	中国汽车工程研究院股份有限公司	竹利江
	弗迪动力有限公司	徐建栋、吕丹丹、姚宇刚
	清华大学苏州汽车研究院	高峰

(续)

智能底盘技术平台定义		
类别	单位	姓名
成员	厦门金龙联合汽车工业有限公司	苏亮
	柳州五菱汽车工业有限公司	马超
	上海同驭汽车科技有限公司	林广建
	北京汽车研究总院	王培玉、沈海燕
	华为技术有限公司	王雷
	浙江吉利远程新能源商用车集团有限公司	郭立书
	豫北转向系统（新乡）股份有限公司	王彦超
	北京理工大学	张旭东
	国汽（北京）智能网联汽车研究院有限公司	於涛
	宇通客车股份有限公司	郭耀华

乘用车智能底盘产品平台定义		
类别	单位	姓名
组长	比亚迪汽车工业有限公司	凌和平
	中国第一汽车股份有限公司研发总院	侯杰
	吉利汽车研究院（宁波）有限公司	张晓东
	长城汽车股份有限公司	赵永坡
	清华大学	何承坤
成员	比亚迪汽车工业有限公司	姜龙、李桂忠、李超
	中国第一汽车股份有限公司研发总院	费二威、陈磊
	吉利汽车研究院（宁波）有限公司	李贵宾、夏金龙
	长城汽车股份有限公司	孙晖云、杨文谦、贾具宾
	重庆长安汽车股份有限公司	谯艳娟
	清华大学苏州汽车研究院	董金聪
	江铃汽车股份有限公司	余金霞
	广州汽车集团股份有限公司汽车工程研究院	吴旭亭
	睿蓝汽车研究院有限公司	辛庆锋
	极氪汽车（宁波杭州湾新区）有限公司	张国超、张超

(续)

乘用车智能底盘产品平台定义		
类别	单位	姓名
成员	舍弗勒智能驾驶科技（长沙）有限公司	李涛
	华为技术有限公司	吴锁平
	上海利氪科技有限公司	张晓峰
	中国汽车工程研究院股份有限公司	袁圆
	吉林大学	靳立强
	中汽研汽车检验中心（天津）有限公司	杨畅
	中国第一汽车股份有限公司	陈磊
	国汽（北京）智能网联汽车研究院有限公司	於涛
	上海同驭汽车科技有限公司	梁诗言
	北京汽车研究总院	梁阿南
	上海蔚来汽车有限公司	王健
	豫北转向系统（新乡）股份有限公司	朱东博
	蜂巢智能转向系统（江苏）有限公司	陈东旭
	小米汽车科技有限公司上海分公司	黄明

商用车智能底盘产品平台定义		
类别	单位	姓名
组长	一汽解放汽车有限公司	万里恩
	北汽福田汽车股份有限公司	秦志东
	宇通客车股份有限公司	李高鹏
	三一重工股份有限公司	魏长河
成员	一汽解放汽车有限公司	石求军、张振兆、陈宇超
	北汽福田汽车股份有限公司	鹿政华、姜松林
	宇通客车股份有限公司	黄琨
	三一重工股份有限公司	彭松林、陈浩、张乐
	扬州亚星客车股份有限公司	赵苗苗
	舍弗勒智能驾驶科技（长沙）有限公司	李涛
	厦门金龙联合汽车工业有限公司	白学森
	蜂巢智能转向系统（江苏）有限公司	侯富彬

（续）

类别	商用车智能底盘产品平台定义	
	单位	姓名
成员	国汽（北京）智能网联汽车研究院有限公司	於涛
	上海同驭汽车科技有限公司	舒强、林广建、梁诗言
	浙江万安科技股份有限公司	傅直全
	豫北转向系统（新乡）股份有限公司	王彦超
	吉林大学汽车工程学院	肖锋
	江苏大学汽车工程研究院	孙晓强
	北京理工大学深圳汽车研究院	王博、卢兵、黄文艺